누가 피카소를 입체파라 했는가

김학은 지음

Who Told You That Picasso Is a Cubist

보고사
BOGOSA

For

Gioia Cianciosi

나에게 회화란 해체와 합성이다[1]

피카소

나는 얼마 전에 『마네의 그림 퐁슬레의 기하학』을 출판하였다. 원래 이 책의 동기는 피카소P. Picasso를 이해하려는 욕심에서 출발하였다. 피카소는 내게 이해할 수 없는 화가였다. 첫 느낌은 멋대로 그린다? 멋대로 언어를 만든다는 걸 상상해 보라. 가능하겠는가. 반드시 그 바탕에는 무언가 있을 것이다. 이것이 내가 피카소를 공부하게 된 경위이다.

그 과정에서 한 가지 얻은 소득은 마네E. Manet를 이해하지 않으면 피카소에게 접근조차 어렵다는 자각이었다. 그 결과 출판한 『마네의 그림 퐁슬레의 기하학』은 마네가 근대 서양 회화의 아버지임을 증언하였다. 모든 서양 회화는 마네로 흘러 들어가서 마네로부터 나온다. 마네는 서양 회화의 분수령이다.

의도했던 대로 그 책의 결론이 마네가 피카소를 이해하는 첫 관문임을 알리는 데 있었던 만큼 이제 순서에 따라 이 책이 피카소를 소개할 차례가 되었다. 한 가지 독자에게 양해를 구하고 싶은 것은 피카소를 마네와 연결하는 과정에서 독자의 편의를 위해 이 책이 『마네의 그림 퐁슬레의 기하학』의 일부와 최소한으로나마 겹치는 것은 자연스러우나 불가피한 일이었다는 점이다.[2]

　마네가 퐁슬레J. Poncelet의 2차원 기하학을 그림에 도입했듯이 피카소는 푸앵카레H. Poincare의 4차원 수학을 자신의 그림에 도입하였다. 그 목적은 3차원 물체를 해체하여 2차원으로 합성하여 표현하는 데 있다. 피카소는 "파괴적 평면파"이다. 피카소 스스로 자신의 그림이 입체파임을 부정하였다.[3] (이 책의 제목이 된 사연).

　사물을 해체하는 작업이 꼭 필요한 우선적인 분야가 있다. 빛이다. 빛을 프리즘으로 해체해야 화가에게 필요한 일곱 색을 얻을 수 있다. 빛의 화풍인 인상파에서 마네가 나왔고 그를 이어 피카소가 출현했음은 간단한 사건이 아니다.

　뉴턴I. Newton이 처음으로 빛을 분해했을 때 7색의 분광을 스펙트럼이라고 불렀다. 유령이라는 뜻이다. 현대에 사는 우리에게 스펙트럼은 더 이상 유령이 아니라 과학이다. 피카소의 그림도 마찬가지이다. 온전한 사람을 괴물로 표현했다는 소리를 들어 마땅하다. 그러나 그 배경에는 수학과 과학이 깔려 있다. 피카소는 회화의 본질이 아름다움이 아니라 표현에 있다고 보았다. 그에게 회화란 사물의 본질을 표현하는 작업이며, 그것도 다른 예술 분야가 따라올 수 없는 고유한 방식의 표현이다.

뉴턴은 빛만 해체하지 않았다. 그는 수도 해체하였다. 수를 해체하는 방식이 미분이고, 합성한 방식이 적분이다. 3차 방정식을 미분하면 2차 방정식이 되고 3차 방정식을 적분하면 4차 방정식이 된다. 2차 방정식은 2차원 평면의, 3차 방정식은 3차원 공간의, 4차원 방정식은 4차원 하이퍼 공간의 수학적 표현이다. 4차원 하이퍼 공간은 상상하기 힘들겠으나 피카소 회화를 이해하는 데 필수적이다. 이 책은 바로 그 4차원 공간을 소개한다.

학창 시절 수학 시간에 배운 인수분해도 바로 수의 분해이다. 뉴턴은 원주율도 해체하고 합성하는 방법을 발견한 과학자이다. 그를 계승한 오일러L. Euler는 수가 아니라 사물의 모습을 해체하고 합성하는 위상수학topology을 창시하였다. 도넛과 컵은 동일 위상이다. 미리 말하거니와 피카소는 이를 이해하고 그림에 적극적으로 활용하였다. 그는 자신의 그림을 위해 기하학을 배웠다. 해부학이 의학의 기초이듯, 기하학이 회화의 근본이라는 점을 그는 이해하고 있었다. "눈의 기능을 심미안으로 끌어올린 것이 회화이고, 형식 논리로 체계화한 것이 기하학이다." 사물의 미적 표현이 회화라면, 사물의 내적 표현이 기하학이다.

그 밖에 사물의 본질을 이해하려는 노력이 그것을 해체하려는 노력으로 이어지고 그 결과 물리학과 화학에서 원자의 발견과 X-

레이의 발견이 20세기 초 화가에게 끼친 영향은 크다. 현대에는 MRI, MRA와 CT 등 단층 촬영의 등장이 또한 그러하다. 보이지 않던 세계가 갑자기 보이게 되자 보이는 세계가 껍질에 불과하다는 자각이 컸다. 껍질 속의 세계, 곧 "세계 속 세계"를 표현하려는 시도가 일어났다.

이보다 앞서 스티븐슨L. Stevenson이 소설『지킬 박사와 하이드 씨』를 써서 인격 속의 인격, 곧 세계 속 세계가 있음을 보인 것은 결코 우연이 아니라고 생각한다. 2차원과 4차원은 눈에 보이지 않기에 그 세계를 표현하는 데 맨눈으로는 불가능했고, 따라서 수학의 도움이 필요했다. 빛을 해체하는데 프리즘이 필요하듯이. 이제는 우리 주변에서 흔히 볼 수 있는 홀로그램 또한, 해체된 3차원의 정보가 2차원에 압축된 현상을 활용한 것이다.

회화뿐만이 아니다. 비슷한 시기에 경제학에서도 파괴와 창조의 목소리가 나타났다. 그 목소리의 주인공이 19세기 이른바 "좋은 시절"의 중심 비엔나 출신 경제학자 슘페터J. Schumpeter이다. 음악에서도 파괴와 재창조가 일어났다. 쇤버그A. Schönberg의 12음 원리가 그것이다. 스트라빈스키I. Stravinsky는 멜로디와 화음을 파괴하고 리듬을 강조하는 음악을 내놓았다. 역시 비엔나의 무명의 의사였던 프로이트S. Freud가 1900년 사람 속에 다중 인격이 있음을 밝힌『꿈의 해석』으로 세상을 발칵 뒤집어 놓았다. 이러한 흐름 속에서 제임스

조이스J. Joyce는 이른바 의식의 흐름을 표현한다고 『유리시즈』에서 영어 문장의 띄어쓰기를 무시하는 파격적인 방식으로 영어를 파괴하였다. (그는 아일랜드 사람이다). 의식은 사람에게만 고유한가? 양자역학을 낳은 이중슬릿(두 개의 틈새) 현상을 파인만R. Feynman은 물질의 마음(의식)이라고 불렀다. 물질의 마음이 하나이면서 동시에 여럿일 수 있다는 이중슬릿 현상은 고전역학을 혁명적으로 뒤흔들어 놓았다. 슈뢰딩거E. Schrodinger는 살아있으면서 동시에 죽은 고양이로 양자 현상을 설명하였다. 19세기 말 "좋은 시절"이 끝을 보이며 과학, 경제학, 문학, 예술의 여러 분야에서 새로운 현상을 설명하고 표현하려는 물결이 거셌다. 새로운 질풍노도의 시대였다.

여기서 경제학과 법학을 전공한 칸딘스키W. Kandinsky가 한 발자국 더 나아갈 수 있었던 데에는 입체파를 정확하게 이해하였기 때문이라고 생각한다. "입체파가 자연 상태에 기하학을 도입한 것은 구상이 추상을 방해한다고 생각하였으나 [오히려] 추상이 구상을 망쳤다."[4] 그래서 "그들의 기본은 수학적 형태의 규칙적이 아니라 비규칙적인 표현이었다."

칸딘스키의 통찰에도 불구하고 내가 『마네의 그림 퐁슬레의 기하학』을 세상에 내놓으며 놀랐던 점은 따로 있었다. 회화에 기하학을 도입한다는 견해를 이해하는 사람이 그리 많지 않았다는 사실이다. 전업 작가들도 불편을 숨기지 않았다. 3차원 물체를 회화로 표현하든 사진으로 표현하든 크게 보아 차이가 없다. (극세화가 그렇다). 그러나 3차원의 물체를 2차원 평면으로 표현하는 양식은 소실점의 수효만치 무한하다. 말을 바꾸면 자유도가 커진다. 회화의 본질은 자유이다. 수학의 본질도 자유이다. 그 자체가 외부에 의존하지 않는 독립적이라는 말이다. 이런 면에서 회화는 사진보다 자유도가 크다.

그 이유는 회화에 비해 사진이 2차원을 표현하기 어렵다는 데 있다. 말하자면 2차원 표현이 회화의 고유 영역이라는 뜻이다. 고유 영역은 2차원만이 아니다. 4차원 역시 사진이 표현할 수 있는 영역이 아니다. 2차원이 회화의 고유 영역이 된 것은 마네 덕분이고, 4차원이 회화의 고유 영역이 된 것은 피카소 덕분이다. 피카소는 사물을 해체한 후 다시 합성한다. 인간의 망막은 2차원 평면이다. 망막이 3차원 사물을 인식하는 방법은 3차원을 2차원으로 일단 해체한 다음 다시 3차원으로 합성하는 것이다. 이 해체와 합성의 원리를 적용하여 사물을 인식하는 방법이 인공지능 AI이다.

2차원은 3차원 속의 세계이고, 3차원은 4차원 속의 세계이다. "세계 속의 세계" 또는 "세계 밖의 세계". 우리가 아는 3차원에서 차원을 하나 낮춰 상상하는 2차원의 모습과 차원을 하나 올려 상상하는 4차원의 모습을 어떻게 표현할 수 있을까? 수학은 2차원과 4차원, 곧 "세계 속 세계" 또는 "세계 밖 세계"를 볼 수 있는 제3의 눈을 제공한다.

미술은 회화, 사진, 조각, 건축, 공예 등 여러 분야의 통칭이다. 대체로 열 개 내외의 학파로 분류된다. 3차원 영역을 사진에 침범당한 회화가 자신의 고유 영역을 2차원과 4차원에서 새롭게 발견한 것은 회화 양식에 있어 혁명이다. 회화의 양식은 서양 미술사를 이해하는 데 매우 중요하다.

"미술사는 미술의 기원, 발전, 변용, 쇠퇴를, 국가와 시대와 예술가에 따른 이러저러한 양식을 살펴보지 않으면 안 된다"라고 근대 미술사의 아버지 빈켈만J. J. Winckelman은 『고대미술사History of the Art of Antiquity』(2006[1764])의 서문에 썼다. 양식은 여러 가지로 변천하였으나 20세기 후반 들어 헨더슨M. Henderson이 그의 대작 『4차원과 비유크리드 기하학의 예술』(1983)을 쓸 때까지 회화 양식에 4차원 수학이 본격적으로 거론된 적이 없었다. 헨더슨의 책은 미궁에 쌓였던 피카소를 이해하는 데 기념비적인 역할을 하였다. 나는 이들 책에 영향을 받았으나 내 책의 기본 내용과는 중복되지 않는다.

2024년 2월 23일
김학은 적음

목차

그림 목차

회화와 수학

4차원 수학은 "세계 속의 세계"를 보는 제3의 눈이다. 4차원 수학을 회화에 도입한 화가는 피카소 외에도 메친제J. Metzinger가 있다. 그들은 함께 아마추어 수학자인 프린세M. Princet에게서 4차원 수학을 배웠는데, 프린세는 당대의 거물 푸앵카레H. Poincare의 4차원 수학을 조플레E. Jouffret가 쓴 교본을 사용하였다.[5] 사물을 표현하려면 3차원 구도만으로는 부족하며 여러 차원에서 보아야 한다는 프랑스 수학자 푸앵카레의 주장은 다른 분야에도 영향을 미쳤다. 메친제의 그림 『승마의 여인Woman on a Horse』을 본 덴마크 출신 물리학자 보어N. Bohr가 양자역학의 원리를 착상했다는 유명한 일화가 그 사정을 말해준다. (그는 이 그림을 서재에 걸어놓았다).[6] 보어는 이 업적으로 노벨상을 받았다.

현상을 모든 면에서 보아야 한다는 생각은 빛의 이상한 현상에서 비롯되었다. 뉴턴은 프리즘으로 한 줄기 백색 광선을 일곱 색깔로 해체하고, 그것을 다시 또 하나의 프리즘으로 합성하였다. 빛의

"해체와 합성"은 뉴턴이 시작하였다. 이 실험에서 뉴턴은 빛이 입자, 곧 알갱이의 합성체라고 생각했다. 그 후 영T. Young이 다른 실험으로 빛이 파동이라고 주장했다. 이후 입자설과 파동설은 어울릴 수 없는 대립 가설이 되었다. 그러나 이 두 가설 모두 수수께끼 같은 이중슬릿 실험double-slit experiment의 결과를 놓고 어려움에 빠졌다. 이 이상한 현상을 설명하기 위해 덴마크 물리학자 보어는 빛이 입자이면서 동시에 파동이라는 가설을 제의하였다. 말하자면 빛의 양면을 모두 수용한 것이다. 양자역학은 세상을 "중첩현상superposition"으로 설명한다. 또 하나의 노벨상 수상자 슈뢰딩거E. Schrodinger가 우화적으로 제시한 상자 속의 고양이의 예가 그렇다. 뚜껑을 열어 보기 전에는 고양이는 살아 있으면서 동시에 죽어 있는 것이다. 사물의 "중첩현상"을 이해하려면 "해체"는 필수이다. 그러나 또 하나의 노벨상 수상자 파인만R. Feynman에 의하면 아직도 이 괴상한 "중첩현상"을 진정으로 이해하는 사람은 없다. 아마 고차원 세계에 숨어 있는 사물의 참모습이 3차원 세계에 투영될 때 일어나는 "중첩현상"이 아닐까 추측한다.

회화와 수학의 관계는 현대의 사정만이 아니다. 15세기, 이탈리아 밀라노 대성당을 건축하는 데에 건축 기술이 가장 뛰어난 프랑스인들을 고빙하였다. 그들은 이미 노트르담 대성당을 수학적으로 설계한 경험자들이었다. 그들은 이탈리아인들이 성당보다 성당을 장식한 무수한 성자들의 장식물에 더 열중한다는 사실에 놀랐다. 이탈리아인들은 거대한 대성당의 건축에 수학이 불가결하다는 사실을 모르고 있었다. 프랑스인들은 "수학을 무시한 예술은 공허하다"라고 훈계하였다. 칸트I. Kant의 말을 빌리면 "개념 없는 직관은 맹목"이다. 이에 대하여 이탈리아인들은 "예술을 무시하는 수학이 공허하다"라고 응수하였다. 역시 칸트식으로 말하면 "내용 없는 사고가 공허"하다. 이탈리아인들은 프랑스인들에게 예술이 건축에 불가결하다고 역습한 셈이다. 이 일화는 이탈리아인의 풍부한 예술적 감각과 프랑스인의 엄격한 합리주의가 대비되는 사례이며, 모든 면을 고려해야 함을 일깨운다.

다빈치L. da Vinci는 르네상스가 배출한 대표적 천재로 수도사이자 수학자인 파치올리L. Pacioli의 제자이자 동료이다. 파치올리의 『산술론』은 피보나치의 『계산론』과 함께 중세 수학의 혁명적 저서이다. 특히 파치올리가 창안한 복식부기는 서양이 동양을 앞서게 된 밑받침 중 하나가 되었다. 다빈치의 유명한 그림 『비트루비우스 인간』은 파치올리의 영향을 받았다.

다빈치 그림에 기하학적 구도는 잘 알려져 있다. 좋은 예가 『성 안나와 성모사』이다. 『최후의 만찬』도 예외가 아니며, 특히 평면 소실점의 좋은 예가 된다. 그 영향은 17세기 네덜란드 사실주의에까지 미쳤다.[7]

다빈치 시대에 기하학적 구도와 더불어 소실점과 원근법이 알려지기 시작하였으나 화가들은 그의 약점이 정태적이고 무표정이라는 사실을 알고 있었다. 그래서 도입한 개념이 황금비율이다. 피보나치가 발견한 피보나치수열도 황금비율에 접근한다. 황금비율이 미술에만 도입된 것은 아니다. 헝가리 작곡가 바르톡Bela Bartok의 작품에서 피보나치수열이 발견된 것은 최근의 일이다.[8]

이들 예는 일화에 불과하나 미술사를 읽어보면 의외로 수학이 깊이 들어와 있다. 특히 4차원 수학은 경험할 수 없는 세계를 보는 관문이므로 4차원의 회화를 이해하려면 그 수학은 필수적이다. 그 것은 "눈의 기능을 심미안으로 끌어올린 것이 회화라면 형식 논리로 표현한 것이 기하학"이라는 말이 대변한다. 시인 밀레이Edna St. Vincent Millay의 말처럼 "유클리드 혼자 아름다움의 알몸을 보았다."[9]

3차원의 우리 몸을 앞에서 보아 기하학적 사각형으로 단순화한다면 X-레이로 투시한 골격은 그 속의 사각형이다. 골격은 3차원 우리 몸속의 3차원 형태이다. 3차원 속의 3차원. 우리 몸은 몇 차원일까? 피카소의 저 유명한 『게르니카』를 보면 폭격을 맞은 순간 오른쪽 여인의 다리 속에 뼈가 보인다. 이 순간 이 여인은 몇 차원이 되었을까? 이제는 임산부 뱃속의 태아를 찍는 세상이 되었다. 임산부는 3차원의 존재이다. 그 속의 태아는 탯줄로 연결된 자궁이라는 3차원 속의 생명체이다. 3차원 속의 3차원. 임산부는 몇 차원의 존재인가?

    독일의 뢴트겐W. Rontgen이 X-레이의 원리를 발견했을 무렵, 프랑스 수학자 푸앵카레가 4차원에 관한 책을 썼다. 뢴트겐은 온전한 합성체를 해체하여 그 속까지 본 최초의 과학자이다. 푸앵카레의 책은 베스트셀러가 되었고, 피카소는 그 소식을 알고 있었다. 피카소는 온전한 합성체를 해체하는 방법을 그림에 도입한 최초의 화가가 된다. 이를 위해 퐁슬레 2차원 수학과 푸앵카레 4차원 수학을 습득하지 않을 수 없었다. 양자역학에 커다란 공을 세운 하이젠베르크W. Heisenberg는 『부분과 전체』에서 다음과 같이 말했다.

> 처음에는 경악을 금할 수 없었다. 나는 원자 현상의 표피를 파헤치고 들어가 깊이 숨겨져 있던 독특한 내부의 아름다움을 엿본 기분이었다. 그리고 자연이 펼쳐 보이는 휘황찬란한 수학적 구조의 풍요로움을 연구해야 한다는 생각이 들자 현기증이 날 것 같았다.

    푸앵카레가 4차원 수학에 몰두할 무렵인 1898년 이탈리아 토리노Turin 성당에 걸려 있던 예수의 시체를 쌌던 상아색 수의shroud를 촬영한 검은 유리건판negative plate에는 나타나야 할 음화는 보이질 않고 난데없이 양화 사진positive image이 나타나 세상에 충격을 주었다. 그것은 수의에 싼 시체의 흔적이 음화이어야만 가능한 불가사의한 일이었다. 여기에 더하여 단순한 수의에 불과하였던 천 조각이 세상을 발칵 뒤집어놓은 건 2차원 천 속에 숨겨진 3차원의 인물이었다. 2차원 수의 속에 보이지 않는 3차원이 투영된 모습은 바로 4차원 하이퍼 상자 속의 상자에 비유할 수 있을 것이다.

상상을 허락한다면 사람을 문자처럼 다른 장소로 순간 이동시키는 팩스 기계를 생각할 수 있다. 그 기계는 사람을 해체하여 보내고 다시 온전하게 합성한다. (합성할 때 조심조심). 3차원의 사람을 해체하면 각 미세 부분은 2차원이 된다. 그것은 어떤 모습일까? 해체와 합성에 도전한 과학자들이 당면했던 질문이다.

과학의 발전이 회화에 영향을 준다는 사실의 인식은 영상의학의 발달, 곧 MRI와 CT의 단층 촬영과 함께 많은 예술가의 호기심을 자극하였다. 뢴트겐이 찍은 남자의 전신 X-레이 사진과 비교한 자코메티A. Giacometti의 『서 있는 키가 큰 누드』는 공항 검사대의 X-레이 스캔을 연상하게 한다.

이 책의 주인공인 피카소는 아예 X-레이로 찍은 듯한 모습을 『게르니카』에 그렸다. (여인의 다리를 보라). 게다가 피카소는 X-레이로 속을 들여다보는 듯한 관점에서 한 걸음 더 나아가서 『붉은 배경에 모자를 쓴 남자의 머리』에서는 아예 얼굴을 반쯤 뜯어내어 "기울어진 모습"으로 접었다. 왜 그랬을까? 이 책은 그 이유를 밝힌다.

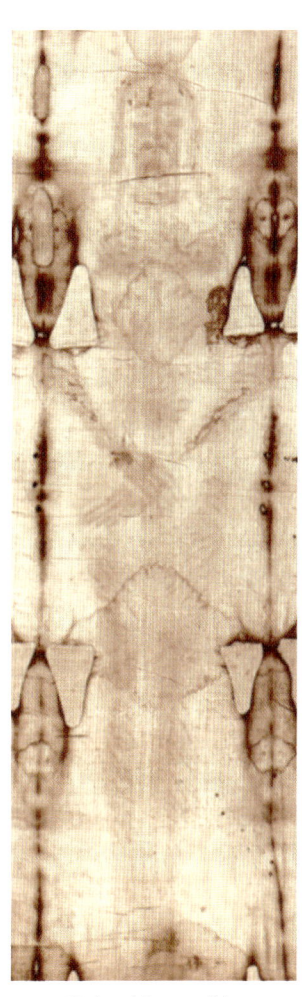
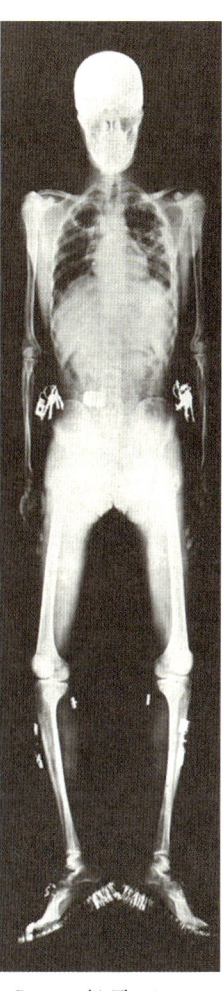
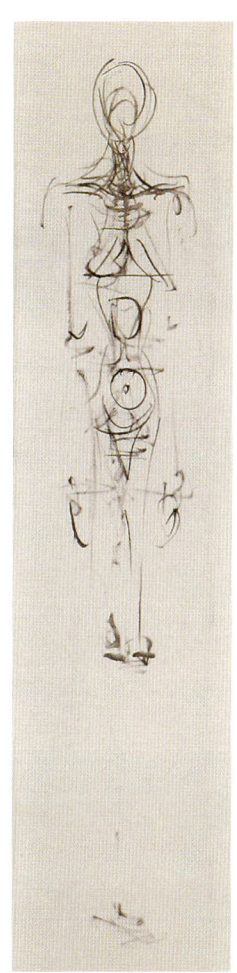

National Geographic,
June 1980, p.740

Bronowski, The Ascent
of man, p.356

Giacometti, 1960년경,
150×25cm

〈그림 1〉『토리노 수의』, 뢴트겐『X-레이로 찍은 남자 전신상』,
자코메티『서 있는 키가 큰 누드』

이처럼 회화와 기하학은 공통의 뿌리를 공유한다. 해부학이 의학의 골격이라면 기하학은 미학의 알몸이다. 이 책에서 피카소가 사용했다고 믿는, 또는 추론한 2차원의 기하학은 "퐁슬레 하이퍼 삼각형"이고, 4차원 수학은 "푸앵카레 하이퍼 사각형"이다. 이 밖에도 뫼비우스Möbius가 발견한 "뫼비우스 띠" 역시 2차원 표현에 공헌하였다. 구태여 비유하자면 퐁슬레 삼각형은 4분의 4박자 지휘 손동작의 원형을 닮았고, 푸앵카레 사각형은 휴지통에 비유되며, 뫼비우스 띠는 발동기 피대皮帶의 원리이다.

〈그림 2-I〉 피카소 『붉은 배경에 모자를 쓴 남자의 머리』
Pablo Picasso, Head of a Man in a Hat on a Red Ground, Paris, 1913,
63×51cm, Private Collection

〈그림 2-II〉 피카소 『게르니카』(부분)

Pablo Picasso, Guernica, 1937, 349.3×776.5cm,
Museo Nacional Centro de Arte Reina Sofía, Madrid

　2차원 표현에 있어서 퐁슬레 하이퍼 삼각형의 중요성은 이미 『마네의 그림 퐁슬레의 기하학』에서 입증되었다. 그것은 "삼각형 속 삼각형"이었다. 이와 대조적으로 이 책의 중심에는 퐁슬레 하이퍼 삼각형 이외에 푸앵카레 하이퍼 사각형이 있다. 그것은 "사각형 속 사각형"이다. 두 경우 모두 "세계 속 세계"이다. 무엇보다 퐁슬레 삼각형과 푸앵카레 하이퍼 사각형이 안정적인 구도라는 점이 특징이다. 그 이유는 푸앵카레 사각형이 4차원을 2차원에 표현한 모습이기 때문이다. 뫼비우스 띠가 2차원 평면이라는 점은 설명할 필요가 없다.

앞으로 푸앵카레 하이퍼 사각형, 줄여서 푸앵카레 사각형이 4차원의 2차원 표현이라는 점이 밝혀지는 대로 이 책은 피카소가 이모두(퐁슬레 삼각형, 푸앵카레 사각형, 뫼비우스 띠)의 2차원 표현을 사용했음을 증언할 것이다.

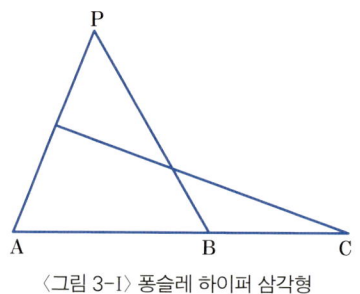

〈그림 3-I〉 퐁슬레 하이퍼 삼각형

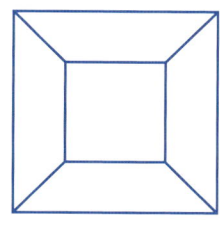

〈그림 3-II〉 푸앵카레 하이퍼 사각형

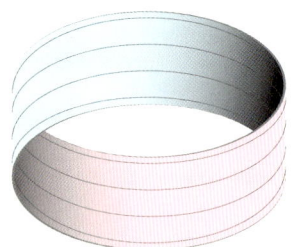

〈그림 3-III〉 뫼비우스 띠

2차원

    오랫동안 인류는 3차원의 물체를 2차원 평면에 표현해 왔다. 예를 들면 원근법이 발견되기 전 중세의 그림은 평면이었다. 소실점이 없는 평면이었다. 원근법이 발명되면서 3차원 물체를 2차원에 표현하는 방법을 고안해 냈다. 그 최초가 이탈리아의 지오토 디 본돈Giotto di Bondon의 『믿음Faith』(1305)이다. 이때부터 소실점이 회화의 기본이 되었다. 중세의 화가 뒤러A. Durer는 원근법의 원리를 간결하게 설명했다. "너의 눈과 네가 그리려는 누드모델 사이에 그물틀을 놓아라. 그리고 그 틀에 한 점을 부동점으로 잡아라."[10] 다빈치도 이 도구를 이용하였다.

    오랜 세월이 흘러 이 원근법에 대하여 처음으로 의문을 품은 화가가 19세기 스페인의 고야F. Goya이다. 고야의 의문이 화가들 사이에서 공감을 얻기도 전에 19세기 초 프랑스에서 사진이 발명되자 회화의 세계는 위협받기 시작했다. 회화가 사진과 다르게 표현하려고 애를 썼으나 사진의 발전을 따라가지 못했다. 아무리 세밀하게

〈그림 4-I〉 뒤러 『원근법』

뒤러, 드로잉, 1527년경

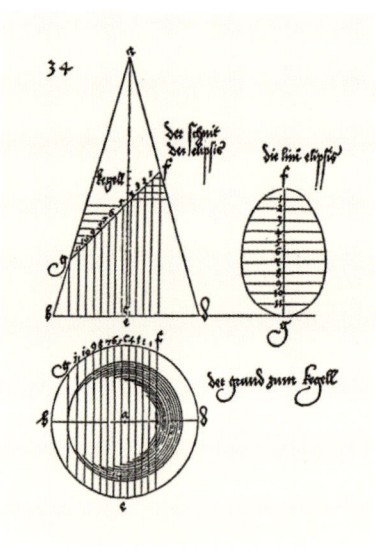

〈그림 4-II〉 뒤러 『원뿔 원근법』

뒤러, 드로잉, 1527년경

그려도 마찬가지였다. 사진은 드디어 3차원의 물체에 시간 차원을 도입하여 활동사진으로 발전시켰다. (엄밀히 말하면 그것은 2차원에 표현한 3차원이 아니다). 활동사진은 회화가 아니다. 그러나 현미경을 부착한 사진술은 회화를 절망시켰다. 원자와 같은 보이지 않는 세계, 곧 세계 속 세계까지 촬영할 수 있는 사진을 회화는 도저히 따라갈 수 없게 되었다.

그러나 사진에도 약점은 있으니 차원을 줄여 2차원으로 표현하지 못한다는 점이다. (피카소가 회화와 사진을 결합하려는 시도를 했지만 그다지 성공하지는 못했다).[11] 회화가 중세의 평면 그림과는 다른 방식으로 3차원 물체를 2차원 평면에 표현할 수 있다면, 그것은 사진과는 분명히 구별되는 회화만의 고유한 영역이 될 것이다. 이러한 특징을 처음 화폭에 옮긴 화가가 마네이다. 당대에 그를 이해하지 못한 것은 어쩌면 당연한 일이었다. 문제는 소실점의 처리이다. 3차원 물체는 보는 방향에 따라 각각 하나의 소실점이 생기므로 하나의 물체를 2차원으로 표현한다는 것은 무수한 소실점을 동시에 표현한다는 뜻이다.

무수한 소실점이라는 말은 거꾸로 말하면 하나의 그림에 그 대상이 무한개가 있을 수 있다는 뜻이다. 이 사실을 말라르메가 눈치챘다. 마네의 그림『폴리-베르제르의 주점』을 평하면서 원근법이 교육의 속임수라고 말한 이가 말라르메 S. Mallarme이다.[12] 말라르메가 말하는 원근법은 과학 원근법인데, 자연 원근법 또는 그가 말하는 예술 원근법과 대조되는 말이다. 그의 말을 브라크G. Braque가 이었다.

르네상스 [원근법] 전통에 나는 반대한다. 그것이 예술에 강요한 경직된 원근법은 교정되지 않은 채 4세기를 이어온 엄청난 실수이다. … 과학적 원근법은 눈을 속이는 착각 이외에 아무것도 아니다.[13]

고야의 혜안과 후일 말라르메와 브라크의 지적은 올바른 것이었다. 〈그림 4-I〉과 비교했을 때 〈그림 5〉가 이 점을 정확히 지적하고 있다. 시선은 그림과 물체의 각 점을 1대 1로 대응하고 있으나 통상의 "과학 원근법"만으로는 두 개의 실물 가운데 어느 것이 진짜 모습인지 알 수 없다. 거꾸로 말하면 보통의 원근법으로 그린 그림은 서로 다른 두 개의 육면체가 똑같은 모습이 된다. 〈그림 5〉는 두 개의 육면체를 예로 제시했으나 육면체 실물이라면 그 어떤 모습도 똑같은 그림이 될 수 있다. 곧 하나의 육면체 그림에 무한개의 육면체 사물이 대응할 수 있다는 말이다. 사물이 "눈을 속인 착각"의 결과이다. 서로 다른 육면체를 구분하려면 측면의 정보가 필요하다. 이것이 피카소가 모델 얼굴의 옆모습을 겹쳐 그린 이유이다. 이런 면에서 2차원 평면 망막이 3차원의 사물을 변환하느라고 매 순간 "정답이 없는 문제를 풀고 있다." 여기에 "예술 또는 자연" 원근법이 필요해진 것이다. 그 가운데 하나가 2차원의 "평면 원근법" 또

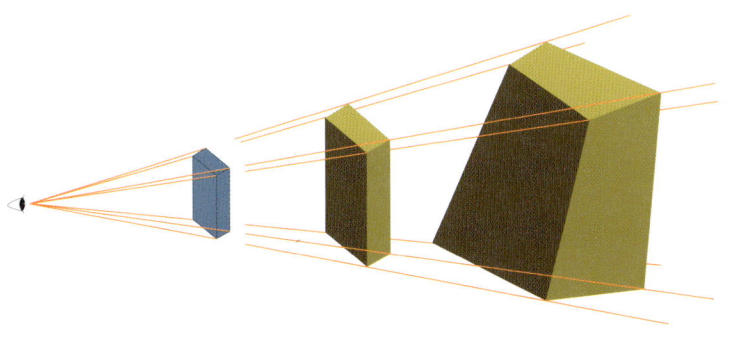

〈그림 5〉 스기하라 『눈의 착각』
Newton, November 2021, p.93.

는 4차원의 "하이퍼 원근법"이다.

앞서 소개한 뒤러는 원뿔의 단면을 이용하여 "과학적 원근법"을 설명하고 있다. 원뿔을 측면에서 보면 그것은 퐁슬레 삼각형처럼 보인다. 곧 뒤러가 그린 삼각형은 그 옆의 보조적인 단면을 함께 제시하지 않으면 퐁슬레 삼각형의 실체가 원뿔인지 피라미드인지 알 길이 없다. 결국 삼각형과 단면을 모두 함께 감안해야 사물을 제대로 파악할 수 있음을 뒤러도 인식하고 있었다는 증거이다. 뒤러는 원뿔을 "해체"하고 여러 측면에서 원근을 계산하여 "종합"하고 있었던 것이다.

평면 원근법

〈그림 6〉의 오면체 피라미드를 보자. 5면체는 두 개의 사면체 프리즘의 합성체이다. (프리즘은 앞서 보았듯이 색의 해체 도구이다. 색을 해체하지 않으면 화가는 그림을 그릴 수 없다).

정사면체 각 면의 중심을 연결하면 정사면체가 된다. 곧 정사면체 속의 정사면체이므로, 이런 식으로 복제를 계속한다면 하나의 정사면체 속에 무한개의 정사면체를 발견할 수 있다. 정사면체의 무한대 복제 능력은 신비롭다. 오늘날 프렉탈 기하학의 원조이다. (사면체는 플라톤의 다섯 다면체 가운데 하나이다).

〈그림 6〉처럼 오면체 피라미드를 중간에서 비스듬히 자르면 두 개의 피라미드 VAB와 CAA′이 생긴다. 원근법의 정의는 화가의 시야에 관계한다. 갑에서 바라보면 V가 소실점이고, 을에서 바라보면 C가 소실점이다. 소실점 두 개를 동시에 가질 수 없다. 갑에서 보면 V는 3차원의 소실점이고 C는 2차원의 소실점이다. 그러므로 3차원 피라미드를 2차원에 표현하려는 갑은 3차원 소실점 V는 포기하고 2차원 소실점 C를 택해야 한다.

갑이 보는 3차원 피라미드의 꼭대기 P에서 소실점 V를 연결하면 사면체 프리즘 PABV가 된다. 이 프리즘은 화가 갑이 두 발을 AB로 벌리고 눈을 P에 고정하여 V를 바라보는 모습이다. 이때 파란 삼각형 PMN은 마치 갑이 이젤 PAB에 올려놓은 화폭(캔버스)의 모습처럼 보인다.

　이 프리즘 PABV의 중간을 잘라 절개면 P′AB을 얻을 수 있다. 이때 파랗게 색칠한 두 삼각형 PMN과 P′M′N′이 생긴다. 이 두 삼각형을 비교해 보면 두 가지 속성을 발견할 수 있다. 첫째, 두 삼각형의 각 해당 꼭짓점을 연결하면 소실점 V에서 만난다. 곧 두 점 M과 M′을 연결한 직선, 두 점 N과 N′을 연결한 직선, 두 점 P와 P′을 연결한 직선은 V에서 만난다. 둘째, 두 삼각형의 각 해당 두 변을 연장한 선은 각각 A와 B에서 만난다. 곧 P′M′과 PM은 A에서 만나고, P′N′과 PN은 B에서 만난다. 그러나 마지막 해당 변 M′N′과 MN은 피라미드의 외부 C에서 만난다.

　이 현상은 고대로부터 알려졌으나 중세를 거치면서 사라진 것을 재발견한 이가 프랑스 수학자 데자르그, 그리고 그의 제자 몽주와 퐁슬레다. 이 기하학을 사영기하학이라 불렀다. 물체를 2차원에 투(사)영한다는 데에서 유래한다. 3차원의 사물을 2차원으로 여러 시선에 일치시키는 기하힉이 사영기하학이다. 시영기하학의 원리는 차원을 넘나들며 사물을 관찰할 때 사물의 변하지 않는 속성을 사영(투영)하는 시각이다. 말하자면 〈그림 5〉와 같은 눈의 착각을 배제하여 그 단점을 보완하는 기법이다.

두 개의 삼각형 PAB와 AMC가 퐁슬레 겹 삼각형, 곧 퐁슬레 하이퍼 삼각형인데, 줄여서 퐁슬레 삼각형이라 부르겠다. 이것은 PAB+C가 그 평면 구도이다. 3차원 피라미드를 갑에서 바라보면 C 는 평면 소실점이다.

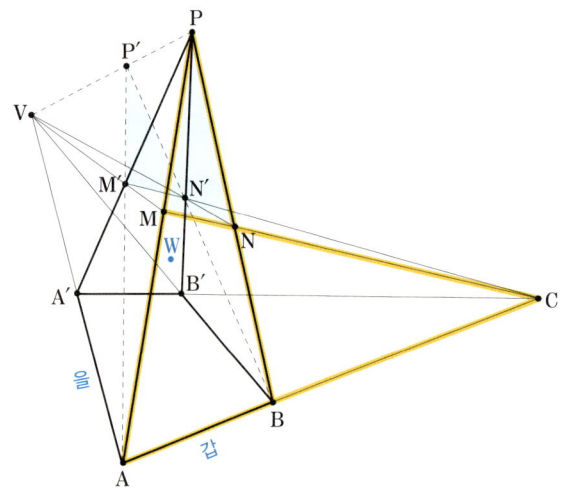

〈그림 6〉 평면 원근법과 평면 소실점

피라미드의 바탕은 정사각형이다. 평행선은 하늘에서 보면 소실 점을 가질 수 없으나 지상에서 보면 평행한 철길처럼 소실점을 가 지게 된다. 〈그림 6〉의 피라미드는 지상에서 보았을 때 소실점 V를 가진 피라미드 PABB′A′과 그 그림자 AA′C이다. 그림자는 글자 그

대로 평면 그림이다. 바닥에 늘어진 그림자 끝이 평면 소실점 C이다. 평면 원근법 PAB+C의 원리이다.

평면 원근법 PAB+C 구조

〈그림 6〉의 평면 원근법에서 AB를 화가 갑이 벌린 두 발이라면 그의 두 눈은 P에서 소실점 V에 모으는 모습이라 하였다. 이때 C는 후보 소실점, 곧 상상의 소실점이었다. 곧 갑이 자세를 돌려 두 발을 AA'으로 잡으면 눈동자 P가 바라보는 소실점은 C가 된다. V를 소실점으로 잡을 때 PAB+C가 2차원 평면의 기본 구조가 된다. 이때 보이는 소실점 V에 대하여 C는 보이지 않는 상상의 소실점, 곧 "상상의 실제"이다.

흥미로운 점은 평면 원근법 PAB+C에도 입체 원근법은 사라지지 않는다는 사실이다. 피라미드 내부에 한 점 W는 화가가 바라보는 방향 P, V, C가 모이는 곳이다. 이외에도 화가가 피라미드를 바라보는 방향은 무한개이다. 이 무한개의 모든 소실점이 모이는 곳이 W이다. 소실점 중의 소실점. 부동의 3차원 소실점. 대상을 어느 곳에서 바라보아도 변하지 않는 유일한 점. 부동점이다. 평면에서 보면 W는 세 직선이 교차하는 점이다. 〈그림 7〉. 어디서나 세 직선이 모여 교차하는 지점은 3차원 소실점이다. W의 입체 소실점에 대하여,

C는 평면 소실점이다. 따라서 PAB+C 구도에서는 평면 소실점 C와 입체 소실점 W를 모두 표현할 수 있다. 특히 입체 소실점 W는 소실점 중의 소실점이므로 모든 방향의 소실점이다. 이때 AB 사이에 D는 공역점이다. 곧 AB의 치우친 중심이다.

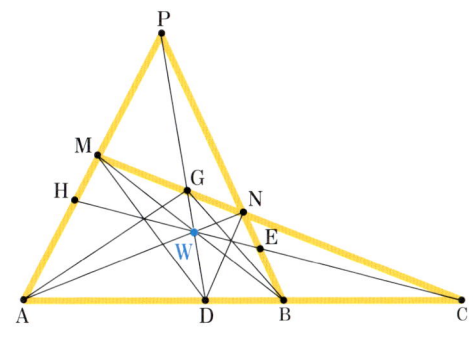

〈그림 7〉 평면 소실점과 입체 소실점

사영기하학은 데카르트의 해석기하학과 달리 좌표가 없는 기하학이다. 좌표가 있다면 소실점 중의 부동의 소실점 W이다.

갑이 〈그림 6〉의 오면체를 평면 원근법으로 볼 때 2차원 모습이 PAB에 불과하나, 오면체의 변치 않는 속성을 모두 담으려면 C의 시선도 빠뜨릴 수 없다. 곧 "실제와 상상"이 공존하도록 추론하는 것이다. V를 실제 소실점으로 삼으면 C는 보이지 않는 상상의 소실점이 된다. 이것이 평면을 표현하는 또는 바라보는 메타meta의 시선이다.

피라미드

오면체 피라미드는 2차원을 이해하는 데 중요하지만 4차원을 표현한 피카소를 이해하는 데에도 중요하다. 특히 두 개의 5면체 피라미드를 포갠 8면체 다이아몬드 피라미드는 4차원 물체를 2차원에 표현하는 데 기본이 된다. (차츰 드러나겠지만 3차원에서 24면체 물체가 16개의 8면체 다이아몬드 피라미드 구조라는 사실은 19세기 말 수학자들을 흥분시켰다. 그 수학을 피카소가 배웠다).

프랑스 수학자 데자르그G. Desargues가 발견한 사영기하학은 일시적으로 사장되었다가 170년 후 프랑스 수학자이자 공학자인 몽주 G. Monge가 재발견하였다. 몽주는 나폴레옹 이집트 원정에 학술 조사단을 이끌고 대표로 참여하였다. 나폴레옹의 피라미드 전투도 보았고 귀국 후에는 이집트학 연구소 설립에 관여했으며 이집트위원회 위원장이 되었다. 그가 피라미드를 처음 보았을 때 그 수학적 구조와 자신이 발견한 사영기하학의 관계를 생각했을까? 그의 머릿속에 〈그림 6〉처럼 피라미드 PABB′A′ 곁에 스핑크스 C가 떠올랐을 것이다. 곧 PAB+C의 2차원 평면 구도인 〈그림 7〉의 모습이다.

나폴레옹 당시 기자의 대피라미드 곁의 스핑크스는 땅속에 파묻혀 어깨까지만 지면에 나와 있었다. 화가 제롬Jean-Leon Gerome이 그린『스핑크스 앞의 나폴레옹』이 당시 사정을 말해준다. 가장 오래된 사진에는 머리만 보여준다. 스핑크스를 완전히 파내고 스핑크스 사원을 발견한 이가 마리에트A. Mariette였다. 제도사였던 마리에트는 루브르의 위촉을 받아 이집트를 방문하던 중에 베두인이 안내한 사카라Saqqara 사막에서 모래에 묻힌 스핑크스의 두상을 보고 그 근처에 피라미드 단지가 있으리라 짐작했다. 그에게 스핑크스 C는 피라미드 PAB의 안내자이자 수호자였다. 〈그림 6〉에서 삼각형 PAB와 상상의 C가 만드는 PAB+C의 관계이다.

기자에는 두 기의 대피라미드와 한 기의 스핑크스가 있다. 쿠푸 피라미드와 그의 아들 카푸레 피라미드이다. (손자인 멘카우레 피라미드는 작다). 쿠푸 피라미드를 평면으로 보기 위해 어떻게 자르느냐에 따라 C의 위치는 달라진다. 다시 말하면 피라미드를 평면으로 표현하는 방법은 무한개이고 C의 위치도 무한개이다. 그러함에도 고대 이집트인이 선택한 스핑크스의 위치는 아래에서 보는 대로 계획적이다.

〈그림 8〉은 〈그림 6〉의 병변이다. 정북의 입구는 삼각형 PAB 중앙에 있다. 정남의 입구 E는 지면과 가깝다. 내부에 석관sarcophagus이 있는 파라오 방의 위치 W는 중앙에서 벗어나 남쪽이다. 그 아래 여

왕의 방 Q와 지하 방 S가 정중앙에 있는 것과 대조된다. 왜 그랬을까? 시인 말라르메의 표현으로 "상상의 실제" 때문이라는 것이 이 책의 가설이다. 실제는 태양신 파라오 P이고 상상은 땅속에 파묻혔던 스핑크스 C이다.

"상상의 실제"는 에펠이 프랑스 혁명 1백 주년 기념탑(에펠탑)을 세우려 하자 거센 반대에 부딪혔을 때 빛을 발했다. 상상이 부족했던 소설가 모파상은 에펠탑이 보기 싫다며, 보이지 않는 에펠탑 안의 줄 베른 식당에서 밥을 먹었다. 에펠은 어이없다는 듯 말했다. "파리에 피라미드를 세우려는데 이집트 피라미드의 열광은 어디로 갔나?" 무성한 반대, 특히 문인들의 반대를 무릅쓰고 에펠은 끝내 상상을 실현하였다. 이러한 역사적 사건은 현대에 이르러 루브르의 나폴레옹 광장이 유리 피라미드가 있을 만한 장소로 선정된 사연이 되기에 충분하다 할 것이다.

〈그림 8〉은 〈그림 6〉에서 두 삼각형 PAB와 VAB를 가져온 것이다. 삼각형 PAB와 삼각형 VAB의 중앙선이 W를 통과한다. W가 공동의 입체 소실점이다. (두 피라미드 단면을 겹쳐 실었다). 보다시피 일치한다. 유의할 점은 W가 중앙에서 벗어나 있다는 것이다. 스핑크스 C 때문이다. 이 경우에도 W는 모든 무한개 소실점 중의 소실점. 무한개 방향에서 보아도 부동의 점. 무한 차원을 상징하는 유

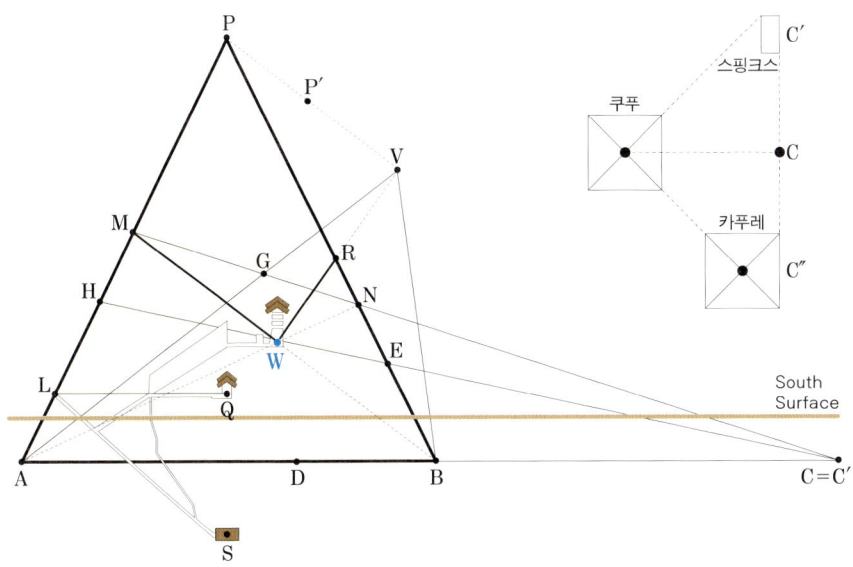

〈그림 8〉 2차원 평면 피라미드

일의 점. 이승뿐만 아니라 저승에서도 부동의 절대자. 그것이 고대 이집트인들은 파라오라고 믿었다.

〈그림 8〉에서 피라미드 남북의 밑변을 AB라 하고, C에서 보았을 때 삼각형 PAB를 직선 NM이 관통하는 모습을 구상할 수 있다. 이때 AN과 BM이 교차하는 지점 W가 파라오의 빙이다. 〈그림 7〉과 비교. N이 M보다 낮으므로 파라오의 방 위치는 남쪽으로 치우칠 수밖에 없다. MW와 WR은 통풍구다. MW의 각도는 32도이고

WR의 각도는 45도이다.

이번엔 카푸레 피라미드를 보자. 정남에서 본 카푸레 피라미드 평면도가 PAB이다. 카푸레 피라미드는 내부가 단순하다. 스핑크스 C의 머리는 동향이다. 〈그림 8〉처럼 스핑크스는 피라미드보다 지대가 낮다. 정남에서 보았을 때 삼각형 PAB의 밑변 AB의 연장선 동쪽 끝 C에 스핑크스가 같은 방향으로 길게 앉아있어 AB+C를 조성한다. 춘분에 석양의 지점에서 보면 (석양-A-B-C)는 일직선을 이루어 C에서 보았을 때 카푸레 경사에 걸린 석양을 반쯤 볼 수 있다. 쿠푸의 건설 방식을 따랐다면 C에서 시작한 경사로가 피라미드의 40미터 높이에서 단면을 EH로 자르고 지나가며 삼각형 AMC를 이룬다.

〈그림 8〉에서 카푸레 피라미드 첨단 상석 P는 태양신 파라오이다. C가 태양이 떠오르는 동쪽의 지평선을 영원히 바라보고 있다. 춘분이 지나 약 1주일 후 어느 오후에 (태양-피라미드 첨단 상석-스핑크스 머리)가 일직선이 되어 피라미드 첨단 상석 P의 그림자가 정확하게 스핑크스 머리 C를 덮친다. 자신의 숭배자가 영원토록 자신을 바라볼 때 피라미드의 지하 내부 금지구역인 파라오의 방에 들어가지 않고도 자신의 무덤임을 알게 하는 방법이 피라미드 밖에 스핑크스 C와 함께 사원을 건설하는 것이리라. 발굴 시 발견된 카푸레의 전신 청동상이 사자 보좌에 앉아있는 것으로 보아 사자의 몸통에 지면에 드러난 스핑크스의 얼굴이 피라미드 주인인 카푸레의 초상이라고 추정한다. 다시 말하면 스핑크스 C를 보면 피라미드

PAB의 주인을 짐작할 수 있게 낮은 지대에 있는 통돌에 만들었다. 그리고 보이지 않은 낮은 곳에 자신의 사원을 만들었다.

피라미드 정점의 첨단 상석 P가 파라오이고 스핑크스 머리 C는 그의 초상이고 그 아래 지하에 스핑크스 사원이야말로 상상을 불 허하는 성소이다. 태양에서 보았을 때 첨단 상석 P는 실제이고 스 핑크스 머리 C는 그림자이다. 보이지 않는 삼각형 AMC의 스핑크 스는 보이는 피라미드 삼각형 PAB 정상인 카푸레의 "상상의 실제" 이다. 곧 〈그림 8〉에서 실제는 보이는 피라미드의 PAB뿐이고 나머 지는 발굴하기 전에는 보이지 않던 상상의 존재였다. 〈그림 8〉이 피라미드와 스핑크스의 기하학적 모습이고 그것은 평면에서 사영 기하학의 원본 PAB+C이다.

피라미드의 밑변과 빗변의 각이 51도 50분 40초이다.[14] 황금비 의 각도이다. (정확한 황금비는 51도 49분 38초). 쿠푸 피라미드의 밑면 정사각형 사변의 길이와 높이의 비가 6.18로 원주율의 2배이 다. 고대 이집트인은 그리스인보다 훨씬 이전에 이미 황금비를 알 고 있었다. 대피라미드를 건설할 탁월한 능력의 고대 이집트인이라 면 측면이나 공중에서 평면의 사영기하학을 모르고 피라미드를 짓 지 못했을 것이다.

미국 1달러 지폐에 피라미드를 도안했다는 기록은 전해진다. 그러나 왜 피라미드를 택했는지는 기록에 없다. 추측하건대 피라미드 첨단 상석에 빛나는 눈동자가 지폐 소지자를 쳐다보나 정작 눈동자가 쳐다보는 것이 지폐가 통용되게 하는 신뢰 때문인 것 같다. 신뢰는 보이지 않으나 존재한다. 이것도 상상의 실제의 예이다. 첨단 상석의 빛나는 눈이 바라보는 것은 보이지 않는 신뢰 C이다. 그것이 지폐 소지자의 믿음 C이다. P는 이집트인에게 태양신이지만 미국인에게는 하나님이다. 그래서 1달러 지폐에 있는 "우리는 하나님 안에서 신뢰한다. In God We Trust"라는 문구는 시편 91편 2절의 말씀이다.

5면체인 피라미드 두 개를 포개면 8면체이다. 루브르 정문 안뜰 나폴레옹 광장의 유리 피라미드에 대해 지하에 역피라미드를 만들었다. 상하 합쳐서 8면체 다이아몬드 형태다. PAB가 지상의 피라미드라면 보이지 않는 RAB는 지하의 역피라미드이다. 나폴레옹 원정에서 태동한 이집트학에서 보았을 때 피라미드가 루브르 정문 안뜰 나폴레옹 광장에 놓인 데에는 이만한 사유가 합당할 것이다.

〈그림 9〉에 두 개의 피라미드로 만든 8면체 다이아몬드 피라미드는 플라톤의 다섯 개 입체 가운데 하나이다. 그 8개 면에서 각 면의 중심을 연결하면 정6면체가 나타난다. 다시 그 정6면체의 6개 면에서 각 면의 중심을 연결하면 정8면체가 나타난다. 한 개의 정8

면체는 무한개의 정8면체와 정6면체가 번갈아 나타나는 고차원의 다면체이다.

거꾸로 말하면 정6면체 속에 있는 정8면체 다이아몬드, 그리고 그것이 다시 정6면체를 복제하는 현상에서 정8면체 다이아몬드를

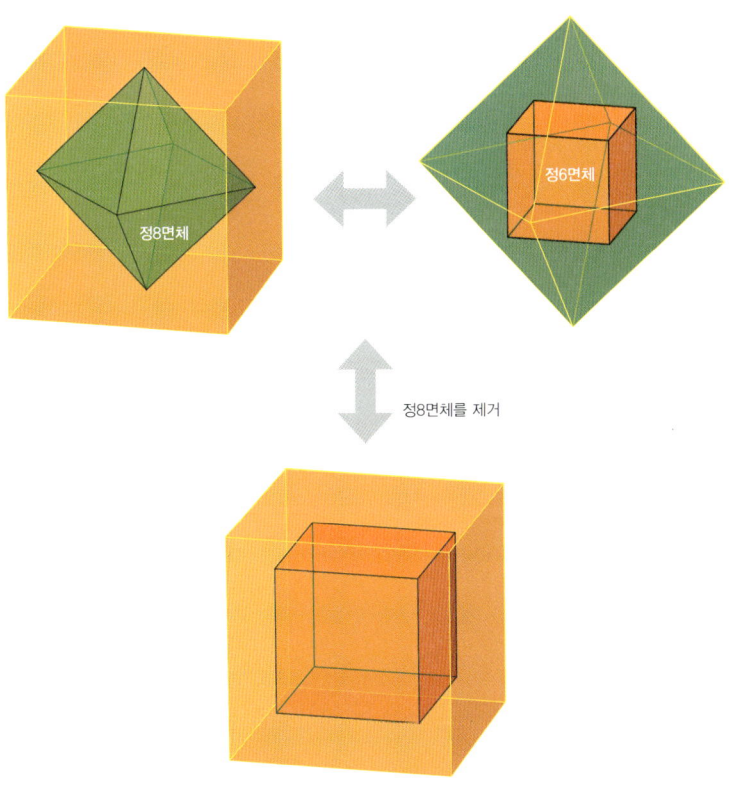

〈그림 9〉 다이아몬드 피라미드와 정6면체 상자

제하고 안팎의 두 정6면체의 꼭짓점을 서로 연결하면 〈그림 10〉의 복(하이퍼) 정6면체가 된다. 하이퍼 정육면체 상자는 밖의 상자, 안의 상자, 그리고 이 두 상자 사이에 낀 6개의 상자, 총 8개의 상자로 구성되어 있다. 이것이 앞서 머리말에서 언급한 임산부 속에 탯줄로 연결된 태아의 모습에 비유된다. 플라톤의 다면체에 비추어 임산부는 몇 차원인가?

이 현상을 다른 관점에서 재해석할 수 있다. 〈그림 10〉. 점은 0차원이다. 점이 모인 선은 1차원이다. 선이 모인 면은 2차원이다. 면이 모인 체는 3차원이다. 곧 육면체(상자)는 3차원이다. 육면체(상자)가 모이면 그게 4차원이다. 곧 상자 속 상자. 복(하이퍼) 상자이다.

안의 상자와 밖의 상자는 꼭짓점끼리 연결되어 있어 안의 상자와 밖의 상자 사이에 여섯 개 상자를 합치면 총 여덟 개의 상자의 집합이다. 각 상자의 세 좌표(x, y, z)에 추가하여 내부 상자의 꼭짓점과 외부 상자의 꼭짓점을 연결하는 직선이 또 하나의 좌표(w)가 되어 4차원임(x, y, z, w)을 나타낸다. (물리학에서 만물을 설명하는 하나의 궁극적 단위를 찾는 과정을 보면 0차원의 원자, 1차원의 끈, 2차원의 막, 3차원의 얽힘으로 옮겨간다). 4차원 하이퍼 상자를 정면에서 바라본 모습이 사각 속 사각이다. 하이퍼 사각이다.

생각을 확장하여 안의 3차원 정8면체 상자가 우리가 살고 있다

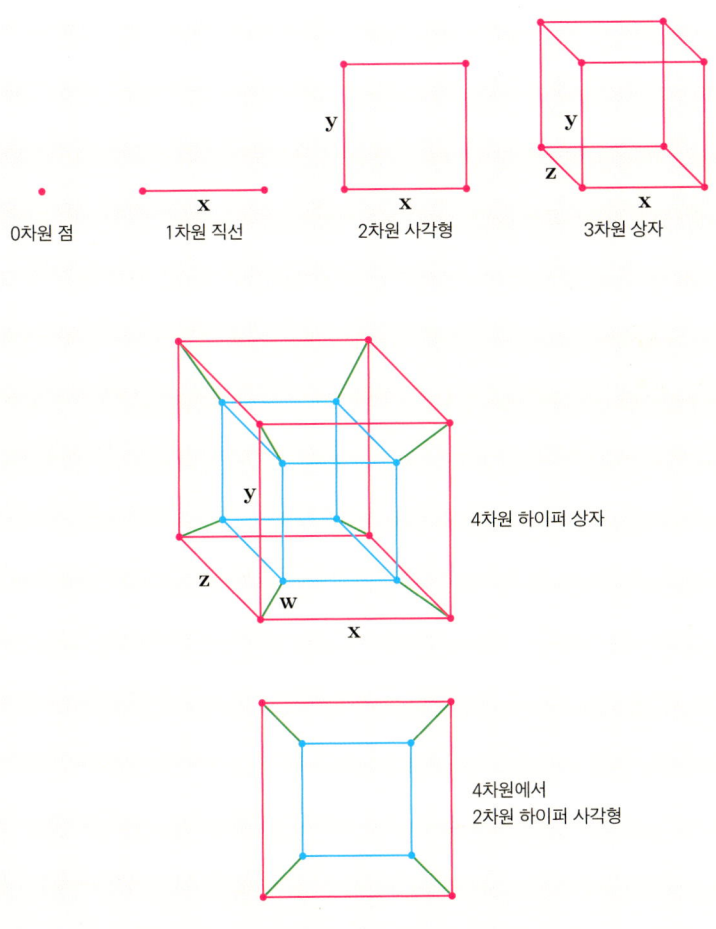

0차원 점   1차원 직선   2차원 사각형   3차원 상자

4차원 하이퍼 상자

4차원에서
2차원 하이퍼 사각형

〈그림 10〉차원의 확대와 4차원 하이퍼 정6면체

고 믿는 3차원 우주라면, 이와 연결된 밖의 또 하나의 3차원 정팔면체 상자는 우주 밖의 4차원 우주가 아닐까? 그렇다면 안의 우주와 밖의 우주가 무한개의 우주 속에 일부에 지나지 않는다고도 추론할 수 있다. (플라톤의 생각).

다빈치

피라미드 하이퍼 상자의 신비스러운 이야기는 이것이 끝이 아니다. 데자르그와 그의 제자 몽주와 퐁슬레가 사영기하학을 발견하기 전에 피라미드가 그 형태를 따랐다는 점이 신비스럽다. 신비스럽고 불가사의한 인물이라면 다빈치를 빼놓을 수 없다. "레오나르도 다빈치/깊고 어두운 거울/그곳에서는 매혹의 천사들이/불가사의로 충만한/달콤한 미소를 품고/그들의 왕국을 덮은/빙하와 소나무의 그림자 밑에/자태를 드러낸다"라고 보들레르C. Baudelaire는 『악의 꽃』에서 읊었다.[15]

다빈치는 신비의 인물답게 그림에 많은 수수께끼를 남겼다. 댄 브라운이 『최후의 만찬』에서 예수의 우측 인물이 막달라 마리아라고 『다빈치 코드』에서 주장했으나 근거가 빈약한 허구의 소설이다. 결정적인 것은 다빈치가 남긴 기록과 배치된다는 점이다. 그는 한 사람 한 사람 이름과 함께 스케치를 남겼다. 또 예수의 우측(그림에서는 좌측) 인물이 마리아라면 열두 제자 가운데 요한이 최후의 만찬에 불참하게 된다. 이는 말이 안 되는 게 최후의 만찬의 장소가 바로 요한(마가)의 집이었다. 부잣집 도련님 요한을 긴 머리의 여성처럼 그린 것은 다빈치 이전에도 이후에도 있었다.[16] 네덜란드의 브르후Hendrick van der Burch도 요한복음 13장 23~25절이 기록한 대로 긴 머리 요한이 여성스럽게 예수에 기댄 모습을 그렸다.

다빈치 시대에 소실점에 관한 연구가 시작되었다. 『최후의 만찬』에서 모든 인물을 제거하면 〈그림 11〉처럼 소실점은 창문 너머 멀리 야산이다. 다빈치는 그 3차원 소실점에 예수를 앉히고 3차원 천장과 벽의 장식이 2차원 예수의 오른쪽 이마(그림에서는 왼쪽)에 모이도록 그렸다. 이것이 다빈치가 구상한 2차원 평면 소실점의 정체이다. 이 평면성을 강화한 것이 유다를 제외한 열한 제자의 얼굴이 만든 수평선이다. 3차원의 원근이라면 열한 제자의 얼굴이 소실점 예수를 중심으로 점차 작아져야 하는데 크기가 같다. 예수 이마의 2차원 소실점 P와 함께 예수가 벌린 두 손 AB가 이등변 삼각형 PAB를 이룬다.

다빈치는 다른 화가들과 달리 예수와 제자들의 머리에 후광을 씌우지 않았다. 다만 예수의 얼굴 자체가 빛이다. 예수 뒤 창밖 저녁 햇빛이 환하고 좌우 제자들의 얼굴이 환하다. 예수를 향한 제자들의 얼굴이 예수에서 멀어질수록 어둡다. 특히 우측 끝 시몬의 얼굴이 앞으로 몸을 내민 마태에 가려져 약간 그림자 진 것이 그 증거이다. 그러함에도 식탁 밑의 발들이 보이는 것은 그 발을 식사 전

〈그림 11〉 다빈치 『최후의 만찬』의 진혼곡(본문 참조)

Da Vinci, Il Cenacolo, 1495~8, Tempera, Oil on gesso, Pitch, Mastic, 460×880cm, Santa Maria delle Grazie

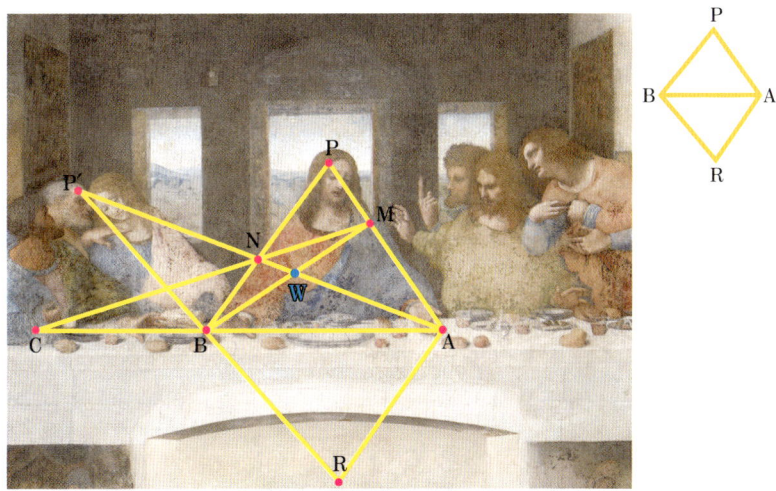

〈그림 12〉 다빈치 『최후의 만찬』(부분)

예수가 씻어 주었기 때문이다.

다만 한 명의 제자의 얼굴은 가린 것이 없음에도 그림자가 짙게 졌고 그 얼굴의 높이도 낮다. 오른손이 은화 30냥의 주머니를 쥐고 있는 것으로 보아 그가 가롯 유다이다. 예수가 배반자의 얘기를 하는 순간 유다가 놀라서 건드린 소금 통이 쓰러졌다. 소금 통의 위치는 좌하 모서리에서 예수의 이마(평면 소실점)를 연결한 직선상에 있다. 빛과 함께 예수를 상징하는 소금이 들어있는 소금 통이 엎어진 모습은 유다의 배신을 상징한다. 유다의 뒤에서 한 손은 요한의 어깨를 짚고 다른 손은 칼을 쥐고 있는 이가 베드로이다. 장차 예수를 체포하려는 제사장에 칼로 대항하는 모습을 예고한다.

소실점 P는 가시관의 자리이고 이등변 삼각형 PAB의 두 손 AB는 못이 박힐 자리이다. AN과 BM이 교차하는 곳 W는 장차 로마 병사가 창으로 찌를 예수의 늑골이다. AM과 BN이 모이는 평면 소실점 P에 대하여 AN과 BM이 모이는 W는 입체 소실점이다. 역시 모든 소실점 가운데 소실점. 예수는 만왕의 왕답게 모든 소실점이 바라는 부동의 점이다. 그곳을 찌른 창을 소유하면 세계의 지배자가 된다는 속설의 유래이다.

의심 많은 도마가 높이 올린 손가락은 예수 손의 못 자국과 늑골의 창 자국을 확인하여 예수의 부활을 증언할 손가락이다. 보이지 않으나 예수의 손바닥에는 성혈stigma이 생길 것이다. (이 점은 피카소의 『게르니카』에서 중요하다).

예수 앞의 접시는 비어 있으나 제자들의 접시에 놓인 생선 (ICHTHUS는 그리스어로 생선이면서 예수 그리스도 하나님의 아들 구세주의 그리스어 약자)은 암호로 사용할 것이다.[17] 그림에만 머무르지 않고 지금까지 계속되는 성찬 예식에서 빵과 함께 5병2어의 기적을 기억하려 함이다.

이 그림은 예수가 한 명의 제자가 자신을 팔 것이라고 조용히 말하는 순간 열두 제자의 소란스러운 반응을 그린 것인데 핵심은 역시 예수와 유다의 관계이다. 누구일까? 라며 삼삼오오 서로 묻는 가운데 요한은 베드로의 말을 듣기 위해 그를 향해 몸을 기울였다. 놀란 제자들의 표정과 서로 묻는 입모양과 손동작을 그리기 위해 다빈치는 농아의 수화까지 동원하였다. 그에게 모델보다 내용이 중요했기에 그의 모델은 익명의 평범한 인물이어도 상관없었다. 다만 서로 묻는 제자들 물음에 상상의 실제를 드러낼 필요는 있었다.[18] 상상의 실제가 아닌 당사자 유다의 몸짓과 얼굴만이 묻는 표정이 아니다.

상상의 실제는 또 있다. 그림을 확대해서 보면 금속 접시와 유리잔에 투영된 인물들의 옷이 간신히 보이는 건 훼손 때문이다.[19] (이것도 사영기하학의 주제이다). 예수의 수난을 상징하는 도마의 손과 제임스(야곱)의 손을 연결한 직선의 연장선의 MN이 삼각형 PAB를 가르고 지나 예수의 두 손을 연결한 AB의 연장선과 만나는 곳이 소금 통 C이다. 이렇게 드러난 삼각형 AMC가 삼각형 PAB와 함께 삼각형의 PAB+C의 구조가 된다. 유다의 팔꿈치로 엎어진 소금 통 C가 가시관의 고난을 받을 예수 P의 "상상의 실제"이다. 이때 AP의 기울기=1.6의 황금비가 표정이 없는 예수의 모습이다.

상상의 실제는 많은 소실점 가운데 하나이다. 최후의 만찬 다음 날 예수는 골고다(해골산)에서 십자가에 달린다. 좌측 창문 밖으로 보이는 산길을 따라 어느 언덕일 것이다. 예수의 머리 P에 대하여 예수의 후계자 베드로의 머리를 P′으로 정하면 예수의 양손 AB와 더불어 P′AB가 된다. 예수와 요한의 사이가 V자 모습으로 비어 있는 것은 요한이 베드로의 말을 듣기 위해 몸을 기울인 것이기도 하지만 또 하나의 퐁슐레 삼각형 P′AB의 구도 때문일 것이다.

이 같은 해석이 가능한 이유는 첫째, 예수의 발 R을 보면 십자가 형틀에서 모을 그 모습이다. (다빈치의 원본에서 이 부분은 훼손되었으나 제자가 복사한 그림에는 예수가 두 발을 R에 모으고 있다). 여기서 삼각형 PAB 구도에 예수의 발 R이 형성하는 삼각형 RAB 구도를 추가하면 8면체 다이아몬드 피라미드 PABR을 한 면에서만 본 모습이 된다. 이때 P′B와 BR이 직선이 되는 건 우연이 아니다. 다빈치는 8면체 다이아몬드 피라미드의 복제 비밀을 알고 있었나? 그렇다고 본다. 플라톤 다면체는 고대로부터 알려져 왔다.

둘째, 예수가 두 손을 들면 십자가에 달리는 자세이다. 그것은 옆에 앉은 야곱이 대신 들었다. 이에 대해 예수의 오른팔은 식탁 위에 뻗어 빵을 유다에게 집어줄 자세이다. 이와 대칭적으로 왼팔도 식탁 위에 놓아 예수를 이등변 삼각형 PAB를 만들었다.

셋째, 여기에 가시관을 쓰게 되는 이마는 평면 소실점이고 로마 병사가 창으로 찌르게 되는 옆구리 W는 입체 소실점이다. (다빈치가 이미 평면 소실점과 입체 소실점을 알고 있었다는 증거다). 2차원 그림 『최후의 만찬』에 차원을 초월한 다차원의 예수를 표현했다고 볼 수 있다.

앞서 〈그림 10〉에서 겉과 안을 둘러싼 두 개의 육면체의 꼭짓점을 연결한 하이퍼 상자를 소개하였다. 8개의 상자로 구성된 4차원 하이퍼 상자를 분리한 후 차곡차곡 쌓아놓으면 십자가가 된다. 보통 십자가가 아니라 하이퍼 복 십자가이다. 〈그림 13〉. 다빈치는 PABR로 예수가 십자가에 달릴 것을 암시하고 있다. 〈그림 14〉는 달리가 그린 『십자가 책형』으로 바로 4차원 (하이퍼) 복復 십자가인데 지상에서 떠 있어 예수의 주검을 4차원 이상으로 신성하게 묘사하고 있다.

다빈치는 음은 탄생하자마자 사라진다는 이유로 회화를 선택하였으나 음악에도 재능을 보였다. 이탈리아 단어와 음표 이름이 같다는 점을 이용하여 작곡한 적도 있다. "라모 레 미 파 솔 라 자 레 (L'amore mi fa sollazzare 사랑은 나에게 기쁨을 준다)." 이 선율은 라에서 서서히 상승하여 정점 자에서 레로 급락하는 역 V자 모

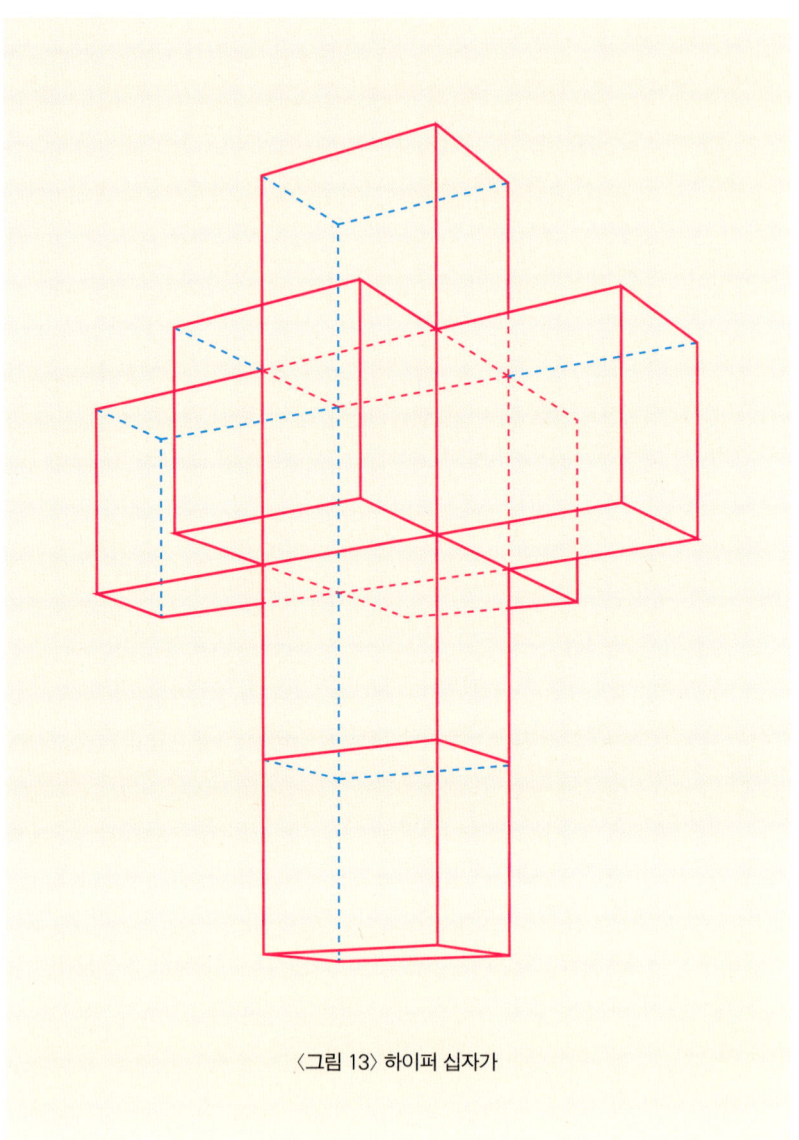

〈그림 13〉 하이퍼 십자가

〈그림 14〉달리 (하이퍼) 십자가의『십자가 책형』

Salvador Dali, Crucifixion(Corpus Hypercubicus), 1954, 194.3×123.8cm, Metropolitan Museum of Art

습이다.[20]

2007년 이탈리아 음악학자 팔라G. M. Pala가 다빈치가 『최후의 만찬』에 숨긴 『진혼곡』을 찾아냈다.[21] 〈그림 11〉에서 열두 명의 제자를 세 명씩 묶은 것이 4분의 3박자를 상징한다. 식탁에 일렬로 놓인 빵의 위치(도)가 중세음악의 통저음이 되고 제자들의 손가락 위치가 2분음표의 선율(솔솔라라도레시미레시도라라미도)가 된다.

우측 시몬의 손에서 시작하여 서서히 상승하던 손가락의 선율이 도마의 손가락(시)을 고음의 정점으로 야곱의 손을 지나서 예수를 가운데 두고 요한의 두 손(미)을 거쳐 별안간 유다의 손(레)으로 급락한 후 다시 베드로의 손(시)을 거쳐 제임스의 손(도)으로 급상승한 후 서서히 하강한다. 도마 앞에서 두 팔을 벌린 야곱의 모습이 십자가에서 예수 수난을 상징한다. 도마에서 정점의 선율(시)이 예수 수난의 시작이고 제임스(도)에서 정점의 선율이 예수 부활을 상징한다. 그것은 V자 모습이고 그 저점에 유다의 손(레)이 있다.

더 흥미로운 점은 음표에 부과한 고대 쐐기문자이다. 해독한 결과 "주와 함께 헌신과 영광." 4분의 3박자, 2분음표의 3박자 선율은 세 개의 창문과 더불어 예수의 삼각형 PAB의 보조 장식이다. PAB는 역 V자 모습이다.

자연의 PAB+C

피라미드와 『최후의 만찬』은 사람이 만든 PAB+C의 인공구조물이다. 이 구조는 자연에서도 발견된다. 런던의 이층 버스를 타본 사람은 PAB+C의 구조가 자연현상임을 안다. 이층 버스를 이등변 삼각형 PAB로 단순화한다면 버스 △가 직진으로 이동할 때 버스 바닥 AB의 무게 중심은 승객들의 무게 중심과 일치한다. 버스가 교차로에서 오른쪽으로 돌아 이동할 때 버스 바닥 AB의 무게 중심이 오른쪽으로 약간 이동하지만 전복되지 않으려면 버스 내부에 있어야 한다. 이동 방향과 구심력의 역할 분담이다. 그러나 이층 승객들의 무게 중심은 원심력에 의해 오른쪽으로 대거 쏠린다. 쏠린 방향을 쫓아가면 버스 오른쪽 바깥에 어느 점 C이다. 아마 오른쪽 상점 유리창의 어느 한 점일 것이다. 그 점은 버스 바닥 AB에 있는 버스 무게 중심 D에서 벗어나 있다. D는 버스 바닥 AB 사이의 중간에 있는 치우친 중심, 곧 공역점이다. 〈그림 7〉.

버스의 진행 방향이 실제의 소실점 V라면 오른쪽으로 쏠리는 승객의 중심 C는 보이지 않는 소실점이다. 이것이 상상의 실제이다.

실제 소실점은 버스 전면의 주행 방향에 놓여 있다. 상상의 소실점은 버스 측면 오른쪽 상점에 놓여 있다. 실제 소실점이 V이고 상상 소실점은 C이다. 실제 소실점은 3차원에서 시선이 수렴하는 곳이고, 상상 소실점은 실제 소실점을 2차원으로 옮겨 온 것이다. 이 관계를 기하학으로 연구한 수학자가 프랑스의 수학자 퐁슬레이다.

피카소가 상상의 소실점을 활용한 그림이 후에 소개하는 『아비뇽의 아가씨들』과 『게르니카』이다. 상상의 소실점 C는 버스의 측면에서 붙인 이름이다. 승객의 측면에서 보면 그것이 실제의 소실점이다. 같은 방식으로 승객 측에서 본 이 실제의 소실점 C를 근거로 또 하나의 상상의 소실점 C'을 〈그림 15〉처럼 발견할 수 있다. 아마 건너편 다른 유리창의 어느 점 C'일 것이다. 곧 〈그림 15〉의 피라미

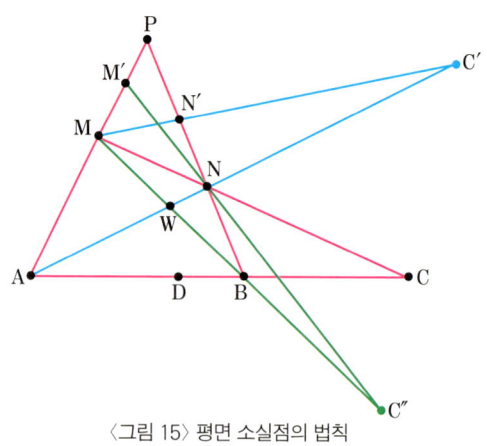

〈그림 15〉 평면 소실점의 법칙

드 PAB를 생각하자. 삼각형 PAB에 대하여 삼각형 AMC가 존재하듯이, 삼각형 PAN에 대하여 삼각형 AMC′이 존재한다.

계속하면 하나의 실제 소실점 C에 대하여 C′이 존재하듯이 C′에 대하여 C″이 출현한다. 곧 삼각형 PMB에 대하여 삼각형 MM′C″도 존재한다. C-C′-C″은 반드시 일직선이 되는 소실점과 소실점 사이의 퐁슬레 법칙이다. 이로써 무한개 상상의 소실점이 존재한다는 사실을 추론할 수 있다. 하나의 소실점에 의존했던 전통 화법에 퐁슬레는 무한대 지평을 열어주었다. 그것은 자유의 세계였다.

PAB+C의 구조가 빛의 삼각형에서도 발견된다. 〈그림 16〉에서 빛이 프리즘 △을 통과하며 굴절하는 모습이 퐁슬레 삼각형을 닮았다. 여기에 색에 대한 빛의 삼각형이 발견된 것은 19세기 중엽이다. 이 무렵 뉴턴에서 시작한 빛에 관한 연구가 맥스웰J. Maxwell, 헬름호르츠H. von Helmholz, 세브뢸M. Chevreul의 광학으로 이어져 색의 비밀이 완전히 밝혀진 것은 마네 생전이었다. 그것은 〈그림 17〉처럼 삼각형 △의 프리즘을 통과한 백색의 빛이 분광하여 파장의 진동수에 따라 빛의 이론적 삼각형 BGR+V로 분포한다. 그 모습 또한 퐁슬레 삼각형이다. "뉴턴은 기하를 … 광학으로 옮겨 갔는데 광학은 그의 휘하에서 새로운 예술이 되었다." 시신경 3대 원추세포의 유전자가 색의 3대 요소인 색도, 채도, 명도를 인지한다는 것이 나단스J. Nathans에 의해 발견된 것은 1981년이었다.[22] 여기까지 오는데 뉴턴 이후 300년이 흘렀다.

파장의 진동수에 따라 남색(B)→녹색(G)→적색(R)의 꼭짓점을 이동할 때 그 사이에서 C=B+G, Y=G+R, M=R+B의 공식으로 청록색(C)과 황색(Y)과 적홍색(M)을 배합한다. 빛의 삼각형 △ 안에서 백색(W)의 정의가 W=B+G+R이다. 빛의 삼각형 밖은 검정이다. 그러나 Y와 M을 연결한 직선과 G와 B를 연결한 직선이 수렴하는 위

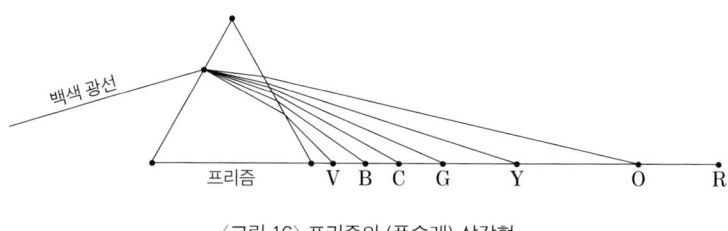

〈그림 16〉 프리즘의 (퐁슬레) 삼각형

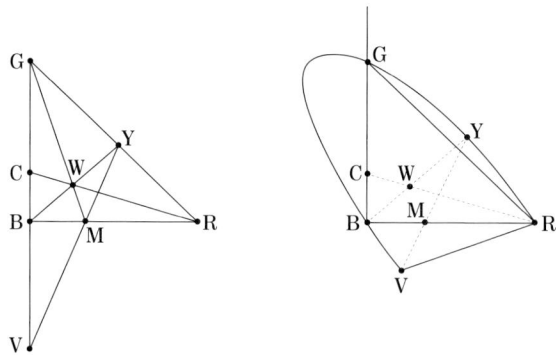

〈그림 17〉 빛의 이론 삼각형 BGR+V(좌)와 실제 삼각형 BGR+V(우)

치에서 보라(V)가 삼각형 VGY를 만든다. 합하여 BGR+V이다. "광학은 빛의 기하학이다." 기하학 가운데 퐁슬레 삼각형이다. 실제 BGR+V는 이론 BGR+V보다 약간 왼쪽으로 기울어져 있다.

빛의 삼각형 BGR과 YGV도 기본 구조 BGR+V가 퐁슬레 삼각형의 PAB+C이므로 수많은 삼각형이 〈그림 15〉처럼 숨겨져 있다. 그 가운데 하나가 실제 삼각형이다. 중요한 점은 이론 삼각형이든 실제 삼각형이든 그 내부는 백색(W)이다. 이 W가 파라오의 소실점이고, 예수의 소실점이며, 색 중의 색 백색의 자리이다.

뉴턴이 처음으로 프리즘을 이용하여 백색을 7색으로 분광했을 때 그는 그것을 스펙트럼이라고 불렀다. 유령이라는 뜻이다. 보이지 않던 색의 세계가 처음으로 7색으로 펼쳐 눈앞에 전개되었을 때 고대 그리스 시대부터 상상하던 현상이 실제가 되었다. 이것이야말로 "상상의 실제"이다. 뉴턴이 7색으로 구분한 것은 7음의 음악에서 받은 영감이었다. 음과 달리 색은 색과 색 사이에 분명한 경계가 없다.

빛은 자연의 태초였다. 아인슈타인A. Einstein이 랑게빈P. Langevin과 파리로 가는 기차 속에서 브라운 운동과 자기력에 대해 토의하였다. (랑게빈은 미망인 큐리 부인의 남자친구). 그는 빛의 광화학 등가 법칙에 관한 강연을 하러 가는 길이었다. 〈그림 18〉의 왼쪽 위에 퐁슬레 삼각형 PAB+C가 보인다. 학적부 기록에 의하면 아인슈타인은 취리히 공과대학에서 퐁슬레 삼각형을 배웠다.[23] 오른쪽으로 두 개의 피라미드가 보인다. 프리즘을 통과한 빛의 분산의 모습이

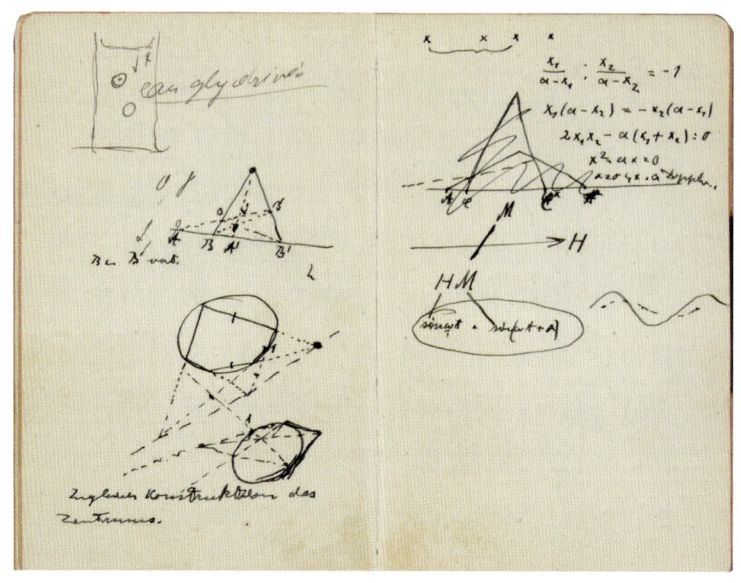

〈그림 18〉 퐁슬레 삼각형, 피라미드, 빛의 파동에 관한 아인슈타인의 메모
Albert Einstein Archives, Hebrew University of Jerusalem, Israel
(Sauer and Schütz, Archive for History of Exact Sciences, January, 2021)

고, 그 아래에는 빛의 파동이 보인다.

눈의 기능을 형식 논리로 표현한 것이 기하학이라면 심미안으로 끌어 올린 것이 회화예술이다. 화가에게 있어 심미안의 창구가 사실에 대한 인상이라면 심미안의 형식 논리가 이성 법칙인 사영기하학이다. 화가의 눈에 사물은 색과 구조이다. 색은 색도, 채도, 명도이다. 구조란 양식, 조화, 균형의 집합이다. 화가에게 양식은 퐁슬레 삼각형이고, 조화는 사영 조화이고, 균형은 사영 조화 공역점이다.

뫼비우스 띠

3차원 물체를 2차원으로 표현하는 방법에는 퐁슬레 삼각형 외에도 뫼비우스 띠가 있다. 종이띠 바퀴에는 안과 밖이 존재한다. 안은 안이고 밖은 밖이다. 안과 밖이 바뀌는 법이 없다. 예와 아니오로만 대답하는 존재이다. 이 사실을 확인하려면 안쪽은 붉고 바깥은 회색인 종이띠 바퀴를 보면 된다. 안의 붉은색이 회색으로 되거나 밖의 회색이 붉은색이 되는 법이 없다. 이 종이띠는 발동기의 핏대처럼 무한궤도의 3차원이다.

그러나 이 종이띠를 중간에서 잘라 한쪽을 비틀어 다른 쪽에 붙이면 얘기가 달라진다. 붙인 곳에서 〈그림 3-Ⅲ〉처럼 붉은색이 푸른색으로 바뀐다. 뫼비우스 띠는 예와 아니오로 대답할 수 없는 차원의 존재이다. 발동기의 핏대를 뫼비우스 띠처럼 한 바퀴 돌려 끼우면 모든 면을 사용할 수 있으므로 수명이 두 배가 된다. 이처럼 뫼비우스 띠는 출발한 곳으로 돌아오는, 단 하나의 면만을 가진 2차원으로 자연에서도 발견된다. 캘리포니아 사막에서 볼 수 있는 뫼비우스 아치가 그것이다.

〈그림 19〉 뫼비우스 아치

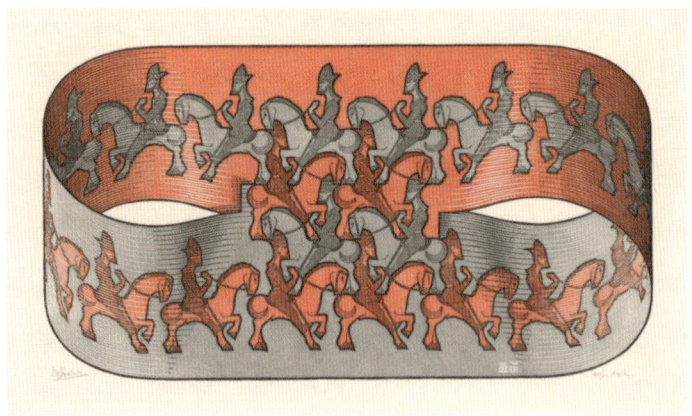

〈그림 20〉에서 『기마병』

Horsemen, Woodcut, 1946, 45×23.9cm,
The MC Escher Collection of Dr. Bertram Selverstone

〈그림 20〉의 에서C. Escher의 목판화 『기마병』(1946)도 그렇다. 이 목판화를 좌측에서 보면 기마병의 색깔이 회색인데 우측에서 보면 붉은색이다. 안의 붉은색이 겉의 회색으로 바뀐다. 안과 밖의 구별이 없는 2차원이다.

기다란 종이 안팎에 똑같은 사람의 얼굴을 그린다. 안의 얼굴은 붉은색, 겉의 얼굴은 회색으로 칠한 다음 얼굴의 가운데를 잘라 서로 다른 면에 붙이자. 그 결과 뫼비우스 띠에 나타난 얼굴은 반은 회색, 반은 붉은색이다. 이것이 피카소의 『거울 앞의 소녀』(1932)에 나타난 소녀 얼굴이다.

마그리트R. Magritte의 『재현 금지』(1937)는 인물의 뒷모습만 보여준다. 이 그림에서 거울과 마주 선 신사의 거울 속 투영은 앞모습이 아니라 똑같은 뒷모습이다. 마그리트의 이 이상한 그림을 이해할 수 있는 것은 에서의 『뫼비우스 띠 I』이나 스기하라의 『역설』과 비교할 때이다. 에서나 스기하라의 실험 역시 세 물체의 뒷면만을 보여준다. 뫼비우스 띠에서는 가능한 일이다. 한 가지 흥미로운 연상을 할 수 있다. 렌즈는 사람의 상하를, 거울은 사람의 좌우를 바꾸어 투영한다. 그렇다면 마그리트는 사람의 앞뒤를 바꾸어 투영하는 뫼비우스의 거울을 제안한 셈이다. 마그리트의 그림에서 거울은 뫼비우스 띠의 역할을 한다.

〈그림 21〉 마그리트『재현 금지』
Museum Boijmans Van Beuninger, Rotterdam, 1937

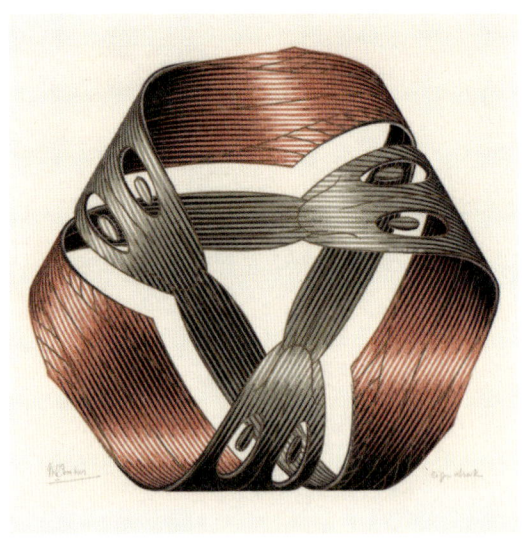

〈그림 22〉 에서『뫼비우스 띠 I』
Möbius Strip I, 68×50cm, 1961

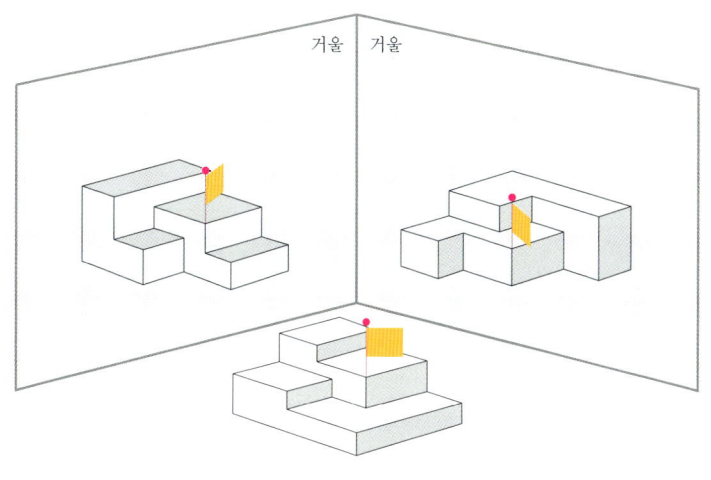

〈그림 23〉 스기하라 『역설』

Newton, November 2021, p.98.

　그러나 신사 앞에 놓인 책의 투영은 제대로이다. 그 책의 표지를
보니 에드가 앨런 포우가 쓴 책의 프랑스어 번역본이다. 이 책을 프
랑스어로 번역한 이가 보들레르이다. 보들레르는 마네와 가까웠다.
마그리트가 무엇을 암시하는지에 대한 하나의 단서가 된다. 그러나
그림의 제목으로 미루어 보면 금지, 곧 안 된다는 메시지는 사물을
이런 식으로 재현하는 짓을 하지 말라는 마그리트의 금지 계명일지
모른다. 그보다 마그리트는 참모습이 무엇인지를 묻고 있다는 해석
도 가능하다. 렌즈가 상하를 바꾸고 거울이 좌우를 바꾸니 어느 모
습이 참모습일까. 마그리트는 거울로 앞뒤를 바꾸며 묻고 있다. 세
상은 면종복배처럼 실제로 뫼비우스 띠일지 모른다고.

마네의 뫼비우스 띠

피카소는 마네의 영향을 받았다. 마네의 『풀밭의 점심』 구도는 1520년경 라이몬디의 『파라스의 판단』 우측 하단에서 빌려왔다고 전해지나 빛의 삼각형 BGR+V이며 동시에 퐁슬레 삼각형 PAB+C이다. 〈그림 24〉를 〈그림 17〉과 비교하면 누드의 여자가 앉아있는 자리가 백색(W)이다. 그 여인이 벗어놓은 옷이 남색(B)이다. 그 뒤로 곧게 솟은 나무들이 무성하여 어둡게 보이지만 여인이 옷을 벗은 계절로 보아 여름철이므로 그 잎은 녹색(G)이어야 한다. 오른쪽 신사 뒤 나무 밑 흙 역시 그늘로 어둡지만 적갈색이어야 한다. (옥스퍼드 에쉬몰린 소장의 수채화에서는 붉은색(R)이 선명하다). 또 남색의 옷 아래 보라(V)의 포도가 보인다. BGR+V에 가운데 백색(W)까지 합하면 빛의 삼각형이다. 여기에 추가하여 저 뒤에서 손을 씻는 여인의 위치가 정확히 노랑(Y)이다. 그것은 남색(B)과 백색(W)의 연결 선상에 있다. 또한 그것은 녹색(G)과 적색(R)을 연결하는 삼각형의 한 변을 통과한다. 그 변이 신사의 손에 들린 막대기가 녹색(G)과 적색(R)을 연결하여 삼각형의 한 변임을 알려주는 암시이

<그림 24> 마네『풀밭의 점심』

Edouard Manet, Le Déjeuner sur l'herbe, 1863,
208×264.5cm, Oil on canvas, Musée d'Orsay, France

다. 이것이 앉은 여인이 누드가 될 수밖에 없는 이유이고, 폭풍 같
은 비난을 받을 수밖에 없었던 이유였다. 마네의 그림은 살롱전에
서 낙선하였다. 살아있는 누드가 문제였다. 마네 당시에는 신화 속
여신의 누드만이 허용되었다.

피카소의 그림『아비뇽의 아가씨들』을 본 한 비평가가 "피카소
는 마네의『풀밭의 점심』을 떠올리면서 대상을 앞뒤가 아니라 위아

래로 배열하였다"고 한 말을 이해하려면, 피카소를 이해하는 데에 마네는 필수적이다.[24] 마네는 피카소로 넘어가는 관문이다.

한편으로는 그러한 찬사를 들어야 할 정도로 2차원 평면의 개척 자 "마네의 그림은 비밀스럽지만", 그는 최초의 2차원 표현에 도달 한 대가이다. "유럽 예술 역사에서 빛의 과학적 연구의 시도를 생각 한 첫 번째 화가가 마네이다."[25] 사진의 등장으로 회화는 오랜 전통 에 위협을 느꼈다. 그러나 사진은 2차원을 표현하지 못한다. 다시 말하자면 마네는 회화가 사진과 다른 점을 깨닫고 이를 화폭에 표 현한 결과, 그의 그림은 "비밀스럽다"라는 평을 받았다. 그것이 『폴 리-베르제르의 주점』이다. 일생의 대작인 이 그림은 뫼비우스 띠뿐 만 아니라 평면에 평면 소실점과 입체 소실점까지 표현한 PAB+C 의 작품이다.

그러나 마네 그림의 비밀 중의 비밀. 수수께끼의 대명사인 이 그 림의 비밀은, 실제 주모와 거울 속 주모가 등을 마주하고 공유함에 도 거울에 비친 주모의 위치가 실제보다 떨어져 있다는 데 있다. 어 떻게 이것이 가능할까? (다음 장이 제공).

회화는 자연의 거울이다. 거울의 소임은 좌우 역전, 위치 변경, 왜상, 애매, 모호 등이다. 거울은 회화의 상징이다. 눈이 자연을 직 접 받아들이기 전에 거울이 한 번 걸러준다. 형상의 실종, 현실의

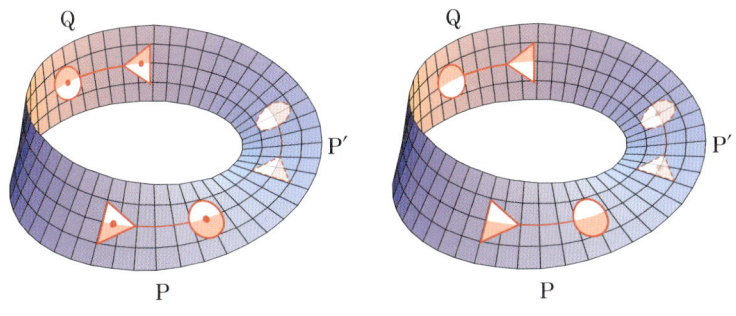

〈그림 25-Ⅰ〉 뫼비우스 띠 실험

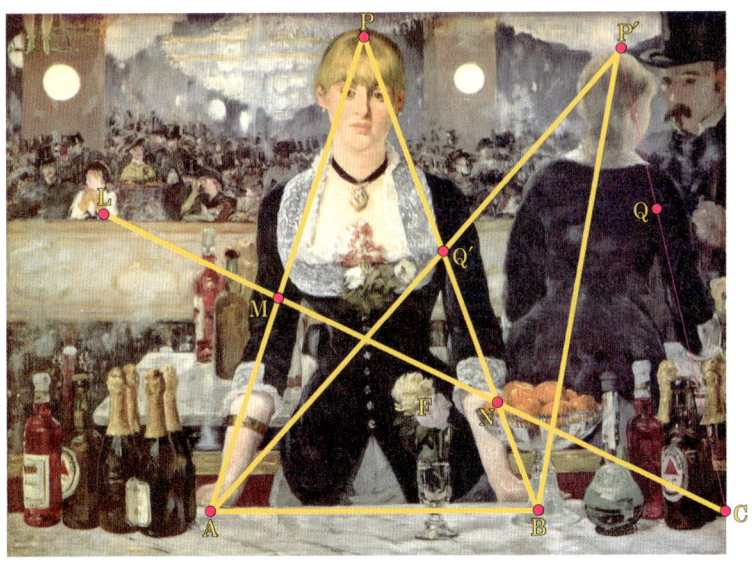

〈그림 25-Ⅱ〉 마네 『폴리-베르제르의 주점』

Edouard Manet, Un Bar aux Folies-Bergère, 1882, 96×130cm, Courtauld Gallery, London

환상 — 사물은 그 자신이 아니다. 마네는 검은 거울로 빛과 색을 판단하였다. 검은 거울은 색을 일단 흡수한다. 앞서 보들레르가 읊은 그대로 "레오나르도 다빈치/깊고 검은 거울"이다. 그곳은 평면 세계이다.[26]

〈그림 25-I〉은 뫼비우스 띠의 실험이다. P가 뫼비우스 띠의 표면을 따라 이동하여 Q를 지나 P'까지 왔다. 이때 뫼비우스 띠가 투명한 유리라면 P와 P'은 유리를 가운데 두고 서로 떨어져서 등을 마주하고 있다. (왼쪽 그림). 또는 얼굴을 마주하고 있다. (오른쪽 그림). P'은 P의 오른쪽으로 치우쳐 떨어져 있다. 〈그림 25-II〉의 『폴리-베르제르의 주점』의 주모도 거울을 가운데 두고 떨어져서 서로 등을 대고 있다. 거울이 뫼비우스 띠이다. 이런 해설에서 A와 B의 거리는 더 이상 수수께끼가 아니다. 그러나 과학적인 설명은 아직 기다리고 있다.

마네의 2차원

뫼비우스 띠의 구도 이외에, 마네는 그림 곳곳에 평면 원근법과 함께 퐁슬레 기하학을 숨겨 놓았다. 다빈치와 티치아노의 스승 파치올리L. Pacioli가 고전 기하학을 그림에 도입하여 르네상스 회화를 바꾸는 데 공헌했다면, 마네는 2차원의 퐁슬레 기하학을 회화에 도입하여 근대 회화의 문을 열었다. 그것이 『폴리-베르제르의 주점』이다.

〈그림 25-Ⅱ〉에서 세 가지 특징이 눈에 띈다. 첫째, 이등변 삼각형이 보일 것이다. 둘째, 정오각형도 보인다. (정오각형은 황금비의 대명사로 무표정한 이 그림의 아름다움을 대변한다). 셋째, 이 점이 핵심인데 얼핏 보아 하나의 사실화처럼 보이지만 비평가들의 주장대로 대형 거울에 오른쪽으로 치우쳐 비친 주모의 구부정한 뒷모습을 과학적으로 설명하는 것은 불가능해 보인다. 그러나 이 그림은 앞서 설명한 대로 뫼비우스 띠뿐만 아니라 PAB+C 가운데 보이지 않는 C를 거울을 이용하여 표현한 독창적인 양식이다.[27]

평론가들과 비평가들은 마네가 투영을 왜곡했다고 비난의 입을 모은다. 그러나 그것은 비난이 아니라 절찬이었다. "회화는 자연의 거울이다. 거꾸로 보여주고, 위치를 바꾸고, 변형시키고, 모호하게 만든다. 거울은 비유다. 사물의 도피이며 현실의 착각이다. 사물이 보이는 대로일 필요가 없다."[28] 이런 비평은 유원지에 있는 표면이 고르지 않은 거울에나 해당할 뿐 마네의 경우는 아니다.[29]

"최후의 위대한 작품."[30] 만일 이 그림을 젊어서 그렸다면 과학적으로 설명할 수 없다고 비평가들에게 심하게 두들겨 맞았을 것이다. "우리가 보는 이 그림은 한 개인의 환상에 불과하다."[31] 그러나 이제는 다르다. 이미 명성을 얻었다. 뢰종되르 훈장도 수여받았다. 비평은 오히려 과학적으로 설명할 수 없다는 점을 부각하여 대가만이 할 수 있는 작품이라고 입을 모은다. 당대 비평가의 글. "외계 현상에 대한 예술가 개인의 걸작이 미래에 남겨질 것이다."[32] 현대 비평가의 글 "환상과 현실의 관계."[33] "마네는 믿을 수 없는 거울을 선사했다. 모든 것이 잘못된 그림이다. … 그러나 마네 비평가들의 집단적 견해가 인상적이었던 것은 바로 그 점이다."[34]

이것들은 권위로 평가하는 전형적인 찬사다. "이 그림은 수많은 문헌을 생산해 냈지만 … 아무도 결정적인 설명을 하지 못했다."[35] 절찬을 몰고 온 절정은 사실상 맹목적일 수밖에 없는 마네의 권위에 편승한 것에 불과하다. 증거에 입각하면 이 그림은 정확하게 과학적으로 설명할 수 있다. 그것이 퐁슬레 기하학의 PAB+C이다.

그러나 당대에 이미 이 그림을 이해한 이가 있었으니 그가 바로 시인 말라르메이다. "마네는 사실주의자이다. 그가 매일매일의 생활을 표현해서가 아니라 평범한 소재 속에 갇혀있는 어떤 숨겨진 가능성을 빛이 있는 현실로 끌어냈기 때문이다."[36] 말라르메가 주장하는 "어떤 가능성"이란? 그것이 그가 찬탄한 "상상의 실제"이다. 말라르메와 마네는 매일 만났다.

〈그림 3-I〉의 퐁슬레 삼각형을 다시 보면 P는 실제이고 C는 상상이다. 퐁슬레 정리에 따르면 P′ 역시 상상 속에 존재한다. 퐁슬레 사영 삼각형 〈그림 5〉를 『폴리-베르제르의 주점』 위에 얹어 겹쳐 놓은 것이 〈그림 25-II〉이다.

그 과정을 살펴보면 〈그림 26-I〉의 X-레이 밑그림에서는 주모 여인이 모나리자처럼 두 손을 앞으로 모으고 있다. 마네는 이를 지우고 두 팔을 『최후의 만찬』의 예수처럼 이등변 삼각형으로 새로 덧칠했다. 무언가를 고의로 표현하려는 의도가 있었음이 분명하다. 그 결과 〈그림 25-II〉에서 여인의 뻗은 두 팔은 이등변 삼각형 PAB의 두 변 PA와 PB가 된다. 이것이 마네가 마련한 이 그림의 첫 번째 기준이자 단서이다.

두 번째 기준이자 단서는 왼쪽 멀리 객석의 흰옷 입은 여인 L이다. 뭉개버린 수많은 이름 모를 관객들 속에 유일하게 돋보이는 그녀는 마네와 말라르메가 사랑한 롤랑 부인이다. 고의성이 보인다.

〈그림 26-I〉 마네 『폴리-베르제르의 주점』 X-레이 밑그림

British Medical Journal, Volume 293, Dec. 1986, p.1638
Juliet Wilson Bareau and The Burlington Magazine

〈그림 26-II〉 마네 『폴리-베르제르의 주점』(부분) 비밀의 간격

Courtauld Gallery, London

A < A′   B > B′

(마네가 죽고 그의 무덤에 꽃을 항상 가져다 놓은 여인이다).

세 번째 기준이자 단서 역시 〈그림 26-I〉의 X-레이 밑그림에 있다. 거울 속에 하얗게 투영된 주모의 귀걸이 아래 흰 점이 여럿 보인다. 빛에 반사된 어깨의 한 점이다. 이 X-레이 밑그림에서 주모의 어깨가 머리와 함께 세 번 이동했음을 볼 수 있다. 이 가운데 롤랑 부인 L과 대칭되는 Q를 선택한다.

네 번째 단서. X-레이 밑그림이 보이는 주모의 왼편으로 세 번의 이동과 함께 좌우 양끝에 나타난 탁자와 거울 아래 테두리 사이를 세 번 또는 그 이상 여러 번 붓칠로 뭉갰음이 눈에 띈다. 그 결과 〈그림 26-II〉에서 그 사이의 간격이 주모를 중심으로 왼쪽에서 오른쪽으로 갈수록 (미세하지만) B보다 B′이 좁아짐을 알 수 있다. 주모의 왼손(그림에서는 오른손) 뒤의 간격이 오른손 뒤의 간격보다 좁다. 반대로 탁자의 폭은 왼쪽에서 오른쪽으로 갈수록 넓어져 A보다 A′이 커진다. 다시 말하면 탁자와 거울의 테두리 사이가 나란하지 않다는 것은 탁자와 거울이 서로 나란하지 않고 비스듬하다는 뜻이다. 위에서 본다면 거울과 탁자 사이가 ▶의 간격으로 좁아지고, 탁자의 폭은 ◀의 간격으로 넓어진다. 거울에 비친 주모의 투영이 오른쪽으로 치우침은 당연하다. 마네는 눈치채지 못하도록 비밀의 간격 차이를 만들었다.

다섯 번째. 〈그림 26-III〉에서 직선 LC와 직선 P′A는 주모의 중앙 W에서 교차한다. 직선 LW는 이등변 삼각형 PAB와 M과 N에서 만나고 그 연장선은 직선 AB와 C에서 만난다. 삼각형 AMC가 드러났다. 이것은 또 3차원의 〈그림 6〉을 2차원으로 축소 표현한 것이다. 두 그림의 비교로 마네 그림이 2차원임이 증명되었다. 퐁슬레의 PAB-AMC가 그 모습을 드러내어 상상의 실제 구도 PAB+C가 된다.

여섯 번째. 2차원 평면 그림에는 아름다움의 표현이 어렵다. 이를 극복하는 방법이 황금비 구도이다. 정오각형이 그 한 방법이다. PL=LA=AB=BQ=QP의 정오각형 PLABQ를 드러낸다. 이때 정오각형 PLABQ의 법칙에 따라 황금비율 LQ:AB=1.62:1이 된다. 여기에 거울 속 주모의 정수리 P'은 거울 밖 주모의 정수리 P의 투영이다. 직선 P'P가 직선 AL과 만나는 곳이 G'이다. G'은 객석 위 천장에서 그네를 타는 서커스 공중곡예사의 발이다. QW는 삼각형 PAB를 M'N'으로 가르고 AB의 연장선과 G에서 만난다. BM'과 AN이 Z에서 교차하여 PZ가 AB에서 D와 만나는데 P'N'도 D에서 만난다. 우연으로 보기에 너무 치밀하다.

일곱 번째. 이제 이등변 삼각형 PAB와 밑변 AB를 공유하는 삼각형 P'AB가 존재한다. P'은 거울에 비친 P의 상상이다. 이때 PB와 AP'은 Q'에서 교차하는데 그 자리의 뒷모습이 거울에 투영된 것이 Q이다. 이때 황금비율 AB:BC=1.62:1이 된다.

여덟 번째. 이제 C와 롤랑 부인 L을 연결한 직선 LC가 주모 앞을 지나는 시야 범위가 MN이다. MN은 술병 C에 닿아 실제 삼각형 PAB와 상상 삼각형 AMC가 형성된다. P는 거울 밖 실제이고 C는

〈그림 26-Ⅲ〉『폴리-베르베르의 주점』 구도와 『최후의 만찬』 구도의 비교

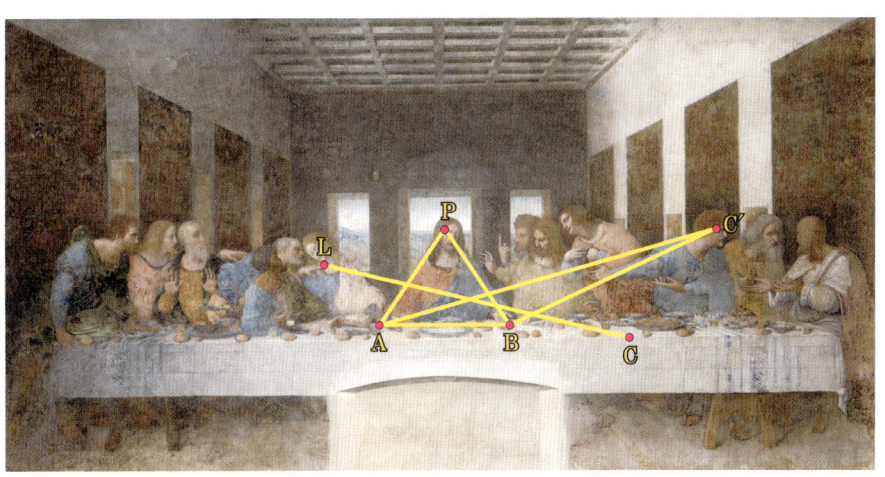

Da Vinci, Il Cenacolo, 1495~8, Tempera, Oil on gesso, Pitch, Mastic,
460×880cm, Santa Maria delle Grazie

거울 밖 상상이다. 여기에 밑변 AB를 공유하는 삼각형 P′AB가 상상 속에 존재한다. 거울 밖 상상 C가 거울 속에 투영된 거울 속 상상이 P′이다. P′은 상상의 상상이다. 이때 BCP′도 이등변 삼각형이다.

아홉 번째, 이상을 종합하여 마네가 사용한 구도를 재음미하면 다빈치의 『최후의 만찬』 중심부 구도와 같다. 1. 우선 팔을 벌린 주모와 팔 벌린 예수의 자세가 이등변 삼각형이다. 마네가 다빈치 구도를 빌리려고 앞서 본대로 주모 양팔의 자세를 모나리자의 자세에서 예수의 자세로 바꾸었음이 부분적으로 설명된다. 2. 이등변 삼각형 밑변의 왼쪽 꼭짓점과 시몬을 바라보며 팔을 예수 쪽으로 길게 뻗으며 등을 반쯤 보인 마태를 연결한 직선이 거울에 비쳐 등을 보인 주모를 거쳐 고객을 연결한 직선과 같다. 다빈치가 반쯤 보인 등을 마네는 완전히 다 보여준다. 3. 삼각형 예수의 밑변의 오른쪽 꼭짓점을 출발한 직선이 예수의 중심을 거쳐 흰 겉옷으로 반을 덮은 긴 머리의 여인 같은 요한에게 연결된 모습과 주모의 중심을 관통하여 멀리 흰옷을 입은 롤랑 여인에게 연결된 것과 비유할 수 있다. 다빈치가 반쯤 입힌 흰옷을 마네는 완전한 흰옷으로 표현하였다. 4. 예수 앞에 탁자와 주모 앞에 탁자의 설정도 같다. 5. 극장 가운데 샹들리에와 양측의 두 개 조명등이 예수 뒤 가운데 큰 창문과 양측의 두 개 조명 창문과 짝이 될 수 있다.

삼각형 PAB가 실제라면 삼각형 AMC는 거울 밖 상상이고 삼각형 P'AM은 거울 속 상상이다. 보들레르가 말한 "상상의 상상"이다. 실제 여인에 대해 그녀의 뒷모습 CP'이 거울 속에 상상으로 투영된다. 이것이 말라르메가 감탄한 "상상의 실제"이다. 마네는 거울 밖을 실제 거울 속 투영을 상상으로 보았다. 상상인 까닭에 그곳은 엉뚱한 곳으로 오인되기 쉬운 곳이다.

이때 정오각형 PLABQ의 내부에 이등변 삼각형 PAB가 내접하고 있다. 정오각형의 한 변이 내접의 이등변 삼각형의 밑변이 되는 정오각형의 빗변과 이등변 삼각형의 밑변의 비율이 황금비이다. 따라서 AB:AP=1:1.62이고 BQ:BP=1:1.62=상상:실제의 황금비이다. 정오각형은 플라톤 신비의 정12면체 표면이다. 또 BC:AB=1:1.62도 황금비이다. 정오각형에는 내접하는 세 개의 이등변 삼각형으로 형성되는 별표가 존재한다. 여기에는 황금비가 많다. 무슨 뜻일까?

정오각형 PLABQ은 좌우 대칭이다. 이 대칭성을 보여주는 것이 〈그림 26-Ⅲ〉이다. 실제 삼각형 PAB에 대해 상상 삼각형 ABG'이 모습을 드러낸다. 흥미로운 구도 하나. AL의 연장선은 롤랑 부인을 지나 저 뒤에 사각기둥의 가스등과 연결된다. AL의 대칭인 BQ의 연장선이 수작을 거는 신사와 연결되는 것과 대조적이다. 수작에 난감한 표정이 주모의 정면 얼굴에 나타나 있다. 이에 비하면 롤랑 부인의 얼굴은 기둥의 가스등처럼 밝다.

폴리-베르제르 극장은 파리의 명소이다. 보불전쟁에서 프러시아

군이 파리를 점령하기 직전 폴리-베르제르 극장에서 프랑스 임시정부 군사회의가 열렸을 때(1870년 9월 14일), 마네는 유진(동생)을 데리고 드가와 함께 참석하였다. "현재의 임시정부는 인기가 너무 없어서 전쟁이 끝나면 진짜 공화파가 전복시킬 것 같다."[37]

마네는 입으로만 공화주의자가 아니었다. 그의 부친은 나폴레옹 Ⅲ세 하 고관이었고 모친은 스웨덴 왕가의 대모였으나 그는 공화파였다. 보불전쟁에서 파리가 점령당하자 그는 자신의 그림과 가족을 안전한 곳에 숨기고 파리 방어에 나섰다. (모네는 영국으로 도망갔다). 그러나 코뮌이 결성되자 파리를 탈출하였다. 파리 코뮌이 진압된 후 새 공화국의 국회의원을 뽑는 선거인단이 모인 곳도 폴리-베르제르 극장이었다. 1878년에는 새롭게 단장하여 파리 시민의 사랑을 받았다. 이 일대에는 카페가 많았다. 마네는 카페에서 시민들의 활기찬 모습을 그렸다. 그것은 대작의 준비였다. 이 극장 무대 우측 회랑에 간이 주점이 있었다.

〈그림 26-Ⅲ〉의 중앙은 AN과 BM이 교차하는 곳인데 그것이 주모 앞의 꽃병 F이다. 마네의 최후 대작답게 꽃은 마지막을 상징하니 보들레르 『악의 꽃』의 「화가의 주검」처럼 마지막을 장식한다. 화가의 창조적 꿈이 유한한 인생으로 끝나버림을 탄식하고 있다. "저 주검이, 새로운 태양처럼 공중에 헤매며/그들 두뇌의 꽃을 활짝 피울 것이다." 생전에 인정받지 못한 화가가 사후에 소생하기를

기원한다. 가시 없는 흰 장미가 그 상징이며 마네의 두뇌의 꽃이다. 마네는 죽기 직전 레지옹 도뇌르로 훈장을 받았다.

두뇌 꽃을 피우기 위해 자살하지 못한 식민지 시인이 이상이다. "뇌수에 아름다운 꽃 … 그것은 그에게 있어서 태양의 모형처럼 사랑하기 위해 그는 가지고 있는 것이었다." 이상은 마네를 이해했다고 여겨진다.

피카소와 2차원

이제 마네의 평면에서 시작한 논의를 피카소의 세계로 확장할 단계에 왔다. 앞서 공언한 대로 이 작업을 통하여 마네가 보이면 피카소가 보인다. 피카소는 마네가 보여준 "상상의 실제"를 한 단계 높여 극적으로 보여주었다.

1936년 스페인 선거에서 인민전선의 공화파가 승리하여 들어선 정부는 피카소를 프라도 미술관의 명예관장에 임명하였고, 피카소는 이를 흔쾌히 수락하였다. 동시에 그는 파리 국제박람회 스페인관에 출품을 의뢰받았다. 1937년 평화롭던 게르니카에 독일과 이탈리아의 항공기가 폭탄을 퍼부었다. 피카소는 게르니카를 소재로 아홉 번 수정한 끝에 제출할 수 있었다. 그 전 과정을 내연녀 도라 마르가 촬영하였다.

우선 〈그림 29〉의 피카소의 『게르니카 Ⅵ』과 〈그림 26-Ⅲ〉의 마네의 『폴리-베르제르의 주점』을 비교하면, 정확하게 같은 구도 PAB+C와 P′AB+C라는 사실은 분명하다. 피카소는 마네의 영향을 숨길 수 없다. 그 영향은 이렇게 발전하게 되는 과정의 시작 『게르

니카 과정 I』에서 PAB+C가 뚜렷하다.[38] 피카소는 이 평면 구도의
선을 교묘하게, 그러나 분명하게 남겨 놓았다. 좀 더 들여다보면 P′
도 보인다. 복수의 소실점으로 보아 평면 그림이다.

『게르니카 과정 I』은 사실화에 가깝다. 특히 오른쪽의 주택과 그
담장이 그렇고, 쓰러져 주먹을 쥔 남자의 모습도 그러하다. 이 과정
을 통해 우리가 알 수 있는 것은 피카소가 최종 2차원 작품을 완성
하기에 앞서 구상화를 기반으로 한다는 점이다.

〈그림 27〉『게르니카 과정 I』

Museo Nacional Centro de Arte Reina Sofía, Madrid

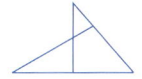

〈그림 28〉『게르니카 과정 Ⅲ』

Museo Nacional Centro de Arte Reina Sofía, Madrid

〈그림 29〉『게르니카 과정 Ⅵ』

Museo Nacional Centro de Arte Reina Sofía, Madrid

피카소와 뫼비우스 띠

흥미로운 관점.『게르니카 과정 VI』을 그 전의 것들과 비교해 보면 소와 말의 머리가 몸통에서 90도 꺾였다. 또 땅에 쓰러진 병사의 모습이『게르니카 과정 I』에서는 머리는 오른쪽, 두 발은 왼쪽으로 향하고 있지만『게르니카 과정 III』에서는 발도 왼쪽, 머리도 왼쪽을 향한다. 말하자면 몸이 반으로 접힌 것이다.『게르니카 과정 VI』에 오면 발마저 없애고 그 자리를 손으로 대체하였다. PAB+C 구도의 C에 손바닥의 혈흔이 자리한다. (보이지 않는 예수의 성흔이다). 상상을 실제가 대체하였다. 몸이 180도 돌려 반으로 접힌 모습은 뒤에서 해설할『아비뇽의 아가씨들』에서 따온 수법이다. 그것은 뫼비우스 띠의 응용이다.

피카소와 입체파

사진이 표현할 수 없는 것은 2차원뿐만이 아니다. 4차원도 표현하지 못한다. 회화로 4차원에 도전한 화가가 있었으니 그가 피카소이다.

피카소를 싫어하는 드 블라밍크M. de Vlaminck 가 말했다. "나는 입체파의 산증인이다. 그 탄생, 성장, 그리고 쇠락. 피카소는 산과의사, 아폴리네르는 산파, 프린세는 대부이다."[39] 그러나 앞서 머리말에서 밝혔듯이 피카소는 자신의 그림이 입체파임을 부정하였다.[40] 입체파라는 말을 처음 지은 사람은 평론가 보셀L. Vauxcelles이다. 그는 피카소의 그림을 이해하지 못했을 뿐만 아니라 악의적으로 이름 지었다. 그림에 상자가 많다는 점만 부각하였다.

앞서 밝혔듯이 프린세는 피카소에게 푸앵카레의 4차원 수학을 전수한 사람이다. 피카소를 프린세에게 소개한 이가 프린세의 애인이다. 프린세가 화가들에게 4차원을 가르칠 때 교본은 조플레의 책이었다. 피카소는 1926년 소련 잡지 오고니오크Ogoniok에 보낸 편지에서 "프린세는 미에 관한 우리 모임에 참석했다"라고 썼다. 그

러나 후일 명성을 얻자 그 편지 내용을 부인했다.[41]

    시간(t)이 4차원임을 인식하기 시작한 것은 프랑스의 백과사전 파이다. 라보아제의 영향을 받았다. 그러나 허수(i)의 발견으로 또 다른 4차원이 있음을 알게 되었다. 그래서 푸앵카레는 "4차원은 x, y, z, t가 아니라 x, y, z, i이다"라고 적었다. "시간과 공간은 나눌 수 없는 하나의 시공으로 합칠 수 있기 때문이다."[42] 물론 허수 공간은 볼 수 없는 차원이다. 이것이야말로 "상상의 실제"라 할 수 있다. 푸앵카레의 세계는 따라서 실수와 허수의 2차원 세계이다.

    자연현상을 설명하는 데 불가결한 허수가 바로 상상의 실제이며 부재의 실재라는 사실을 상기하면, 세계는 실제와 상상이 따로 존립하는 것이 아님을 알 수 있다. 엄격한 눈으로 보면 구상화 따로 추상화 따로 분리되지 않는다. 상상은 보이지 않아서 그러할 뿐 허수처럼 실제와 동행한다. 그것을 발견하고 표현하는 것은 과학만이 아니라 예술도 마찬가지이다.

    상상의 실제나 부재의 실재를 설명하는 예를 들어보자. 4차원의 논의로 들어가기 앞서서 허수와 관련한 여담이다. 보물 이야기이다. 해적들의 보물섬 지도를 우연히 입수한 어느 젊은이의 모험을 풍슬레 삼각형으로 상기해 보는 것이다. 거기에는 다음이 적혀 있었다.

    보물섬에 상륙하면 두 개의 돌을 찾아라. 보라색 돌 P와 코발트색 C′

이다. 그리고 보물을 둘러싼 배반자를 처단하는 교수목을 찾아라. 그 교수목에서 출발하여 P까지 걸어라. 그리고 P에서 왼편으로 직각으로 꺾어 같은 거리를 걸어서 A라고 표기하라. 이번에는 교수목에서 C′까지 걸어라. C′에서 오른편으로 직각으로 꺾어서 같은 거리를 걸어서 A′이라고 표기하라. 마지막으로 A와 A′을 연결하면 그 정중앙에 보물이 묻혀있다.[43]

보물섬에 도착하고 보니 과연 보라색 돌과 코발트색 돌이 있었다. 그러나 교수목은 세월을 이기지 못하고 썩어 흔적도 없이 허수의 세계로 사라졌다. 보물을 찾을 수 있을까? 상상하면 실재를 볼 수 있다.

〈그림 30〉의 보라색 돌 P와 코발트색 돌 C′을 연결하여 직선을 만들면, 이것은 실수를 표시하는 X축이다. 두 돌 사이의 정중앙을 원점으로 삼으면 보라색 돌 P의 좌표는 −1이고, 코발트색 돌 C′의 좌표는 +1이다. 원점에서 실수선 X축과 직각으로 Y축을 정한다.

이제 사라진 교수목의 위치를 XY 좌표에서 임의로 정하여 C″으로 표기한다. 그런 후에 보물 지도에 따르면 Y축의 D 지점에 보물이 묻혀있다.[44]

교수목의 위치를 아무렇게나 임의로 정해도 D점의 위치는 변함없이 고유하다. 보물의 위치는 부동이다. 사라진 교수목은 허수의

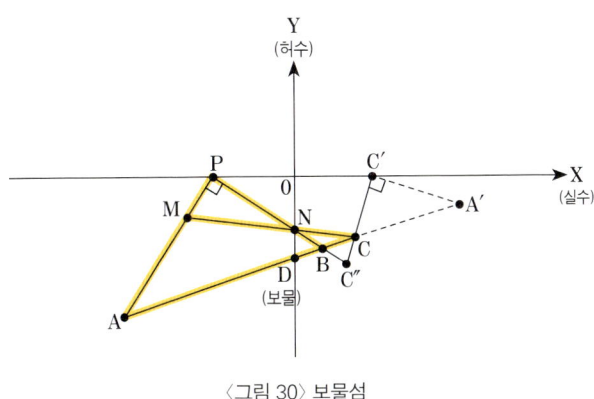

〈그림 30〉 보물섬

세계이다. 따라서 교수목의 임의 좌표는 허수와 실수의 조합인 복소수로 표현된다. 다시 말하면 Y축은 허수를 표시하는데 허수는 글자 그대로 상상의 수imaginary number이고 보물은 허수 i에 묻혀있는 "상상의 실제"이다.

C가 상상이므로 AMC가 상상이고 PAB가 실제이다. D는 C의 짝이므로 보물찾기는 상상과 실제의 관계이다. 이때 C-C′-C″은 일직선이다. 이 경우 보물찾기는 전형적인 퐁슬레 삼각형의 기본 도형 PAB+C이다. 곧 숨겨진 보물이 상상의 실제이다. 모든 보이지 않는 차원은 숨겨진 상상의 실제이다. 이 사실은 2차원 PAB+C의 기본 도형에 4차원이 숨어 있다는 뜻이다. 뒤에서 해설할 피카소의 『칸바일러의 초상』이 그렇다. (칸바일러는 피카소의 자질을 일찍부터 알아본 미술상으로 초기부터 피카소의 그림을 수집하였다).

피카소와 "세계 속 세계"

허수가 복소수 공간에서 4차원임을 이해했을 무렵, 또 다른 4차원이 등장하였다. 여기서 말하는 4차원은 허수의 차원이 아니라 실수의 차원이다. 회화의 고유 영역인 2차원에 또 하나의 고유 영역이 등장했으니, 실수 공간에서의 4차원이 그것이다. 그 개척자가 피카소이다.

보통 3차원에 시간을 보태면 4차원이라고 생각하는데 이 4차원은 시간에 따라 공간도 움직이는 동태적 4차원이다. 활동사진이다. 회화에서 말하는 4차원은 이 개념이 아니다. 시간이 멈춘 3차원의 정태적 공간에서 표현한다. 피카소는 프린세로부터 푸앵카레의 4차원 수학의 세례를 받았다. 그가 사용한 교본은 수학자 조플레가 쓴 4차원에 관한 책이다.

문제는 4차원의 모습을 일반적으로 상상하기 쉽지 않다는 것이다. 피카소 이전 세대가 물질의 기본단위인 원자를 찾아내는 데 성공하였다. 그 영향으로 쉬라 그림의 기본이 점이 되었고, 그는 점묘

파의 시조가 되었다. 말하자면 피카소는 0차원의 점묘파의 세계에서 단숨에 4차원의 세계를 그리는 데 성공하였다.

양자론의 개척자 닐스 보어는 예술 애호가였다. 그의 벽에는 메친제의 그림이 걸려 있는데 그는 이 그림에서 영감을 얻었다고 말했다. 그는 제자 하이젠베르크에게 말했다. "원자에 관해서는 사실을 말하기보다 상상으로 창조하는 편이 낫다."[45] 원자의 세계는 보이지 않기에 상상력과 창조력이 중요하다는 말이다. "세계 속의 세계"는 상상력이 인도한다. "이 세계는 예술의 세계이다."

우리가 원자의 세계로 발을 디디는 순간, 곧 세계 속의 세계로 들어서는 순간 비유와 은유로 설명할 수 있는 수단 이외에 다른 수단은 없다. 수학이 정확하게 표현한다지만 그것은 극히 제한된 전문가의 언어이다. 그것은 이성의 언어이다. 눈으로 보고, 귀로 듣고, 손으로 만지는 언어가 아니므로 감성의 언어가 되지 못한다. 원자의 세계를 감성의 언어로, 비유로, 은유로 표현하는 수단이 예술이다. 우리가 알고 있는 원자 모형, 원자 그림, 전자의 회전, 전자의 공전 등은 상상의 산물이다. 그것은 비단 원자의 세계뿐만이 아니다.

앞서 〈그림 10〉에서, 0차원의 점에서 2차원의 선을 거쳐 3차원의 상자로 차원이 확장되는 과정을 보았다. 그리고 3차원의 상자가 4차원 하이퍼 복 상자로 확대되는 것도 별다른 설명 없이 살펴보았다. 곧 3차원의 육면체(상자) 8개가 모이면 그것이 4차원이다. 이 모든 것이 실수 공간에서의 표현이다.

1차원 세계 속의 0차원 세계, 2차원 세계 속의 1차원 세계, 3차원 세계 속의 2차원 세계, 4차원 세계 속 3차원 세계. 베버M. Weber가 그린 『4차원의 내부Interior of the Fourth Dimension』(1913)는 공중에서 본 뉴욕을 그린 것으로 상자의 도시라고 불렀다.[46] 그것은 스코틀랜드 핑갈의 동굴이나 제주도에서 볼 수 있는 주상절리의 모습과 같다.

세계 속 세계는 끊임없다. 이런 연속의 세계에서 3차원의 세계(상자)란 무엇인가? 서울에서 뉴욕과 런던의 거리를 가리키는 이정표를 생각하자. 남북 방향의 이정표가 없으면 그것은 예수가 달린 평범한 십자가와 같다. 이정표 앞에서 보면 십자가이지만 옆에서 보면 그저 서 있는 막대기일 뿐이다. (이런 이정표를 옆에서 보는 여행객은 없을 것이다). 이제 서울에서 동서 방향으로 하얼빈과 시드니의 거리를 나타내는 남북의 이정표를 추가했다고 하자. 그러면 남북의 위치를 알고 싶은 여행객은 옆에서도 이정표를 읽을 수 있다. 다시 말하면 앞뒤의 십자가와 좌우의 십자가가 합친 형상이다. 이것이 4차원의 하이퍼 입체 십자가이다. 어느 방향에서 보아도 십자가. 에서의 『이정표』가 그것이다. 이 〈그림 31〉의 이정표를 에서는 복합(하이퍼) 입체 십자가로 표현하며 그 이정표가 가리키는 도로의 평면 십자가와 대조하였다.

〈그림 31〉에서 『이정표』

4차원의 하이퍼 십자가를 이해하는 데 도움이 되는 상자 1개를 생각하자. 〈그림 32〉. 정육면체는 3차원이다. 이것을 2차원으로 해체하여 펼치면 6개의 정사각형이 서로 이어진 형태가 된다. 앞뒤에서 보면 십자형이지만, 좌우상하에서 보면 일자형으로 비대칭이다. 그것이 바로 비대칭의 평면 십자가이다. 〈그림 33〉.

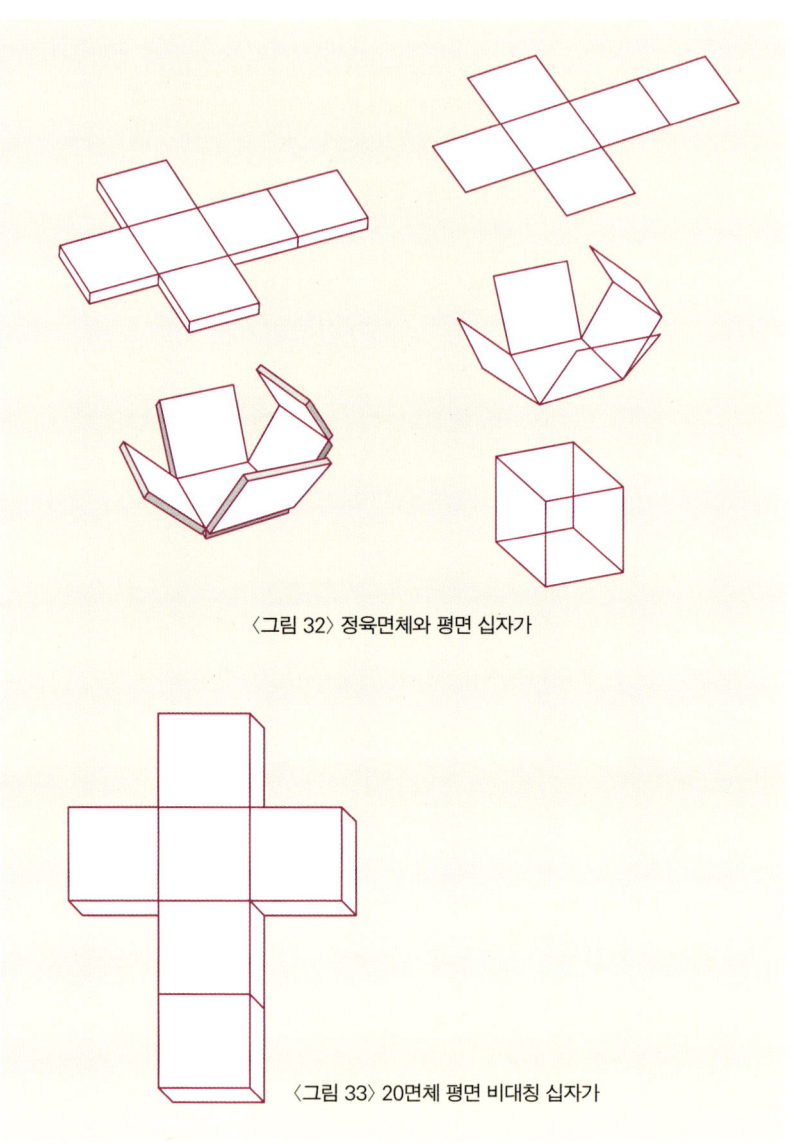

〈그림 32〉 정육면체와 평면 십자가

〈그림 33〉 20면체 평면 비대칭 십자가

해체했을 때 2차원의 평면 십자가를 "접어서" 합성하면 3차원 상자가 된다. 이것이 합성과 해체의 관계이다. 같은 원리로 3차원 하이퍼 십자가를 "접어서" 합성하면 4차원의 하이퍼 상자가 되어야 한다. 그것은 어떤 모습일까? 앞서도 플라톤의 다면체 가운데 하나인 정육면체가 차원을 높여 하이퍼 육면체가 되는 신비를 소개하였다. 〈그림 10〉. 그리고 하이퍼 육면체가 하이퍼 십자가로 전환될 수 있음을 암시하였다. 따라서 당장 떠오르는 모습은 정육면체 상자의 각 면을 하나의 두꺼운 상자로 생각해 보는 것이다. 그것이 〈그림 32〉였다. 그러면 이것을 거꾸로 해체하면 하이퍼 십자가가 될까? 그렇게 간단하지 않다. 이제 그 과정을 살피기로 한다.

〈그림 33〉의 비대칭 평면 십자가에서 각 정사각형을 육면체 상자로 대체하면 비대칭 십자가는 6개의 상자의 합성이다. 위에서 내려다보면 예수가 양팔을 벌릴 좌우 2개의 상자에 중심 상자 1개를 합쳐 3개 상자의 1열. (하늘에서 하나님이 내려다보았다면 십자가가 아니라 3개 상자의 1열로 보았을 것이다). 또 좌우에서 보더라도 머리에 1개, 목에 1개, 몸통에 1개, 다리에 1개 합하여 4개 상자의 1열 직선이다. 앞에서 본 정면의 모습만이 6개 상자의 십자가이다. 이 십자가는 옆에서 보면 대칭 십자가가 아니다. 6개 상자로 형성된 비대칭 십자가는 20면체ikosahedroid이다.

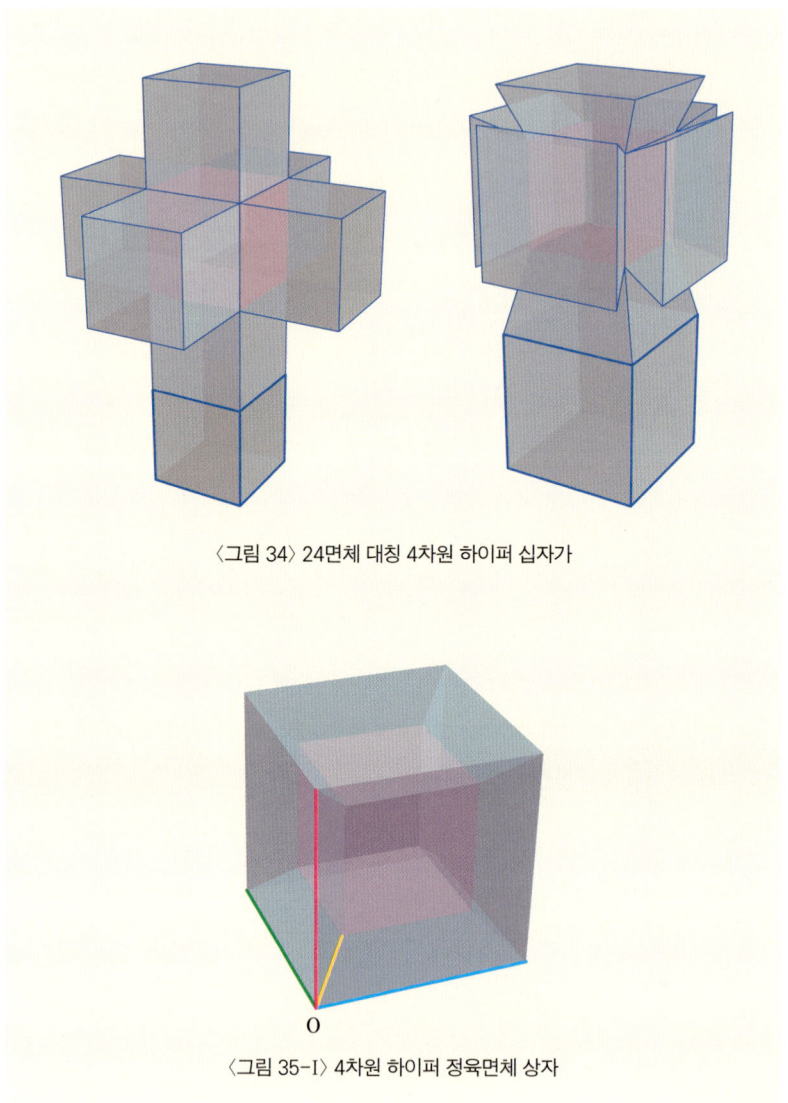

〈그림 34〉 24면체 대칭 4차원 하이퍼 십자가

〈그림 35-I〉 4차원 하이퍼 정육면체 상자

그러나 동서남북, 위아래 어느 방향에서 보아도 대칭인 하이퍼 십자가가 되려면 〈그림 34〉처럼 8개의 상자가 필요하다. 좌우 2개에 90도로 앞뒤 2개를 더하면 위에서 보아도 십자가이며, 좌우에서 보아도 십자가이다. 사방에서, 상하에서 어느 방향에서라도 4차원의 십자가로서 대칭이다. 8개 상자가 형성하는 대칭 십자가는 24면체이다. 그것은 4차원 24면체의 대칭 하이퍼 십자가이다. 그 해체 공식 (꼭짓점 수-변의 수+면의 수-상자의 수+전체 상자의 수=1)에서 하이퍼 상자의 경우 16-32+24-8+1=1이 되므로 하이퍼 상자는 24면체이다.[47]

앞서 〈그림 14〉에서 소개한 달리가 그린 『십자가 책형』이 그 모습이다. 달리는 이 그림 하나로 예수를 3차원에서 벗어난 고차원의 존재로 표현하였다. 하늘에서 내려다본 가톨릭교회의 조감도 모습 역시 4차원의 대칭 하이퍼 십자가이다. 교회 역시 고차원의 성소임을 상징한다.

3차원에서 24면체ikosatetrahedroid 대칭 십자가가 4차원이 되는 이유는 해체하여 펼쳤을 때 알 수 있다. 〈그림 32〉의 2차원에서 펼쳐진 정사각형 6개를 "3차원에서 접으면 3차원 정육면체 상자"가 되듯이, 〈그림 34〉의 3차원에서 펼쳐진 정육면체 상자 8개를 "4차원에서 접으면 4차원 정육면체 하이퍼 상자"가 된다. 〈그림 35-I〉. 안

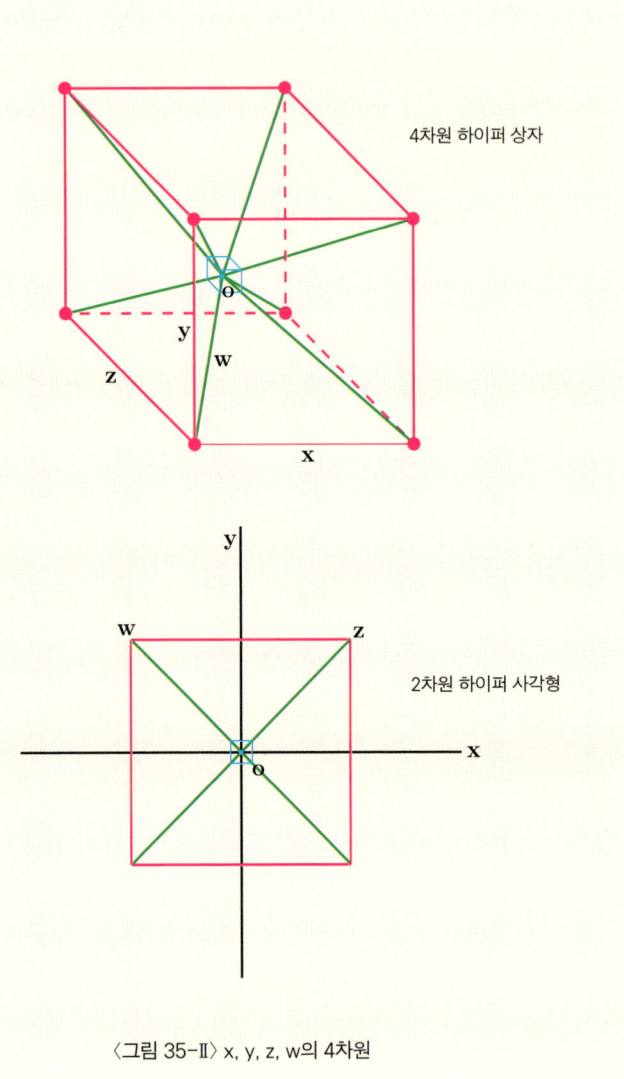

4차원 하이퍼 상자

2차원 하이퍼 사각형

〈그림 35-Ⅱ〉 x, y, z, w의 4차원

의 육면체 상자가 3차원이고 겉의 육면체 상자가 4차원이다. 그 이유는 겉의 4차원 정육면체 상자에서 꼭짓점 O를 원점으로 삼으면 파란 축=x, 붉은 축=y, 초록 축=z, 노랑 축=w의 4차원이 되기 때문이다. 피카소는 이 "하이퍼 상자"의 4차원 수학을 프린세로부터 배웠다. 프린세는 조플레의 책을 교본으로 삼았는데 그 내용은 푸앵카레의 4차원 수학이었다.

이 하이퍼 상자에서 안의 상자의 크기를 줄여서 점으로 만들면 그 점을 원점으로 삼는 x, y, z, w만 남는다. 보통은 x, y, z의 3차원이다. 3차원의 z와 45도를 이루는 w를 추가한 오른쪽은 x, y, z, w의 4차원이다. 다시 말하면 〈그림 35-Ⅰ〉과 〈그림 35-Ⅱ〉는 같다. 여기서 3차원 z 좌표가 안쪽 우측인데 대하여 4차원 w 좌표가 바깥쪽 좌측으로 45도로 기울어진 모습이 3차원을 2차원에 표시할 때 특징이다.

4차원 하이퍼 상자는 바깥의 여섯 개 상자에, 이 여섯 개를 전부 외부에서 하나로 감싼 하나의 큰 상자와 여섯 개 상자를 전부 안에서 지탱하는 작은 상자를 더하여 여덟 개의 상자로 구성되어 있다. 밖의 상자는 여섯 개 상자와 모두 6면을 맞대고, 안의 상자 역시 여섯 개 상자와 모두 6면을 맞대고 있다. 따라서 안의 상자와 밖의 상자 사이마다 "접혀 들어간" 또 하나의 상자가 있어 모두 8개의 상자로 구성되어 있다. 4차원의 하이퍼 상자를 펼친 것이 3차원에 나타난 대칭 하이퍼 십자가이다. 〈그림 32〉에서 3차원의 상자를 펼친 모습이 2차원에 나타난 비대칭 십자가이듯이. 〈그림 36〉은 4차원 정육면체 상자를 정면에서 본 모습이다. 그 모습은 사각형 속의 사각형이니, 곧 세계 속 세계이다.

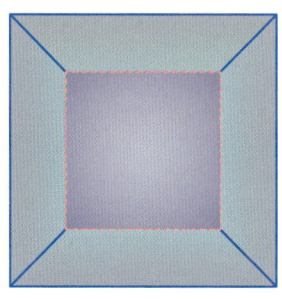

〈그림 36〉 4차원 하이퍼 사각형

뢴트겐이 X-레이의 원리를 발견한 것이 19세기 말이고 이 업적으로 노벨물리학상을 수상한 때가 1901년이다. 우리 몸이 하이퍼 정육면체라면 내부의 정육면체는 골격이다. 세계 속 세계이다. 아닌게 아니라 피카소의 『게르니카』에 나타난 우측 여인의 다리 속에 뼈가 보인다. 〈그림 43〉. 피카소는 X-레이의 소문을 알고 있었다.[48]

X-레이가 등장하기 이전에는 우리의 골격을 겉에서 볼 수 없었다. X-레이의 도움으로 내부의 골격을 볼 수 있게 되었다. 그것은 단순한 3차원의 물체가 아니다. 3차원 속에 3차원이 들어앉은 격이

다. "세계 속의 세계." 이것은 몇 차원인가? (적절한 비유는 아니나 이해를 돕기 위해 예를 들자면 임산부는 3차원의 존재이다. 태아는 탯줄로 연결되어 자궁이라는 3차원 속의 존재이다. 산모는 몇 차원의 존재일까?)

여덟 개 상자로 구성된 4차원 하이퍼 상자를 3차원에 표현한 것을 보았다. 이것을 2차원에 해체하여 펼친 것은 어떠한 모습일까? 이를 알기 위해 〈그림 36〉을 다시 보자. 4차원 하이퍼 상자를 위에서 내려다보면 "휴지통"을 위에서 보는 것처럼 생겼다. 점선으로 표시한 바닥이 아래에 있다. 정육면체로서 모든 변의 길이가 같다. 바닥의 사각형이 작게 보이는 것은 원근법 탓이다.

앞서 말한 대로 정6면체가 하이퍼 6면체를 거쳐 4차원 하이퍼 십자가가 되는 과정을 확인하였다. 곧 정6면체→정8면체→하이퍼 6면체→4차원 십자가. 앞서 다빈치의 『최후의 만찬』에서 예수의 모습이 8면체였는데 그것은 4차원 하이퍼 6면체이면서 동시에 4차원 십자가였다.

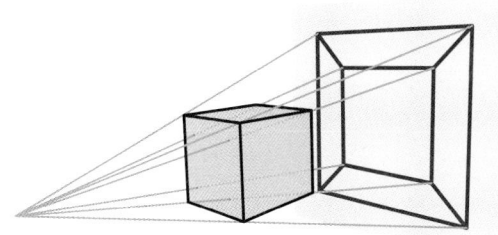

이제 〈그림 36〉의 하이퍼 사각형(휴지통 ▨)을 해체하자. 〈그림 37〉의 1상한 B의 모습은 점선의 바닥이 정사각형이다. 위에서 본 휴지통에는 8개의 꼭짓점이 있는데 점선의 바닥에 있는 네 꼭짓점에 (a1, a2, a3, a4)의 이름을 붙이고 위에 있는 네 꼭짓점에는 (알파1, 알파2, 알파3, 알파4)의 이름을 부여한다. 그리고 점선 바닥 사각형에 반, 옆면의 반, 마주 붙은 옆면의 반을 빗금으로 칠한다. 이제 2상한 C에서 휴지통을 옆면에서 보면 정사각형이고 꼭짓점은 네 개다. 여덟 개의 꼭짓점이 네 개로 보이는 것은 각 꼭짓점에 두 개의 꼭짓점이 겹쳐 보인 탓이다. 빗금이 이 옆면의 반을 채운다. 빗금은 각 면에서 볼 때 다르게 보인다.

이번에는 휴지통을 뒤집어서 보자. 3상한 D의 모습이다. 바닥이 위가 되어 영어 에이비시 이름이 붙고, 위가 바닥이 되어 그리스어 알파벳이 붙는다. 이것을 4상한 A에서 옆에서 보면 정사각형이고, 여덟 개의 꼭짓점이 네 개의 꼭짓점으로 모이니 각 꼭짓점에 두 개의 꼭짓점이 겹친다.

이 해체 작업에서 흥미로운 부분은 옆에서 본 사각형이 기울어져야 한다는 점이다. 2상한 C에서 휴지통을 세워놓고 옆에서 보는 사각형은 기울어지지 않는다. 4상한 A에서 엎어놓고 보아도 옆에서 보는 사각형은 기울어지지 않는다.

그러나 세워놓은 모습과 엎어놓은 모습을 함께 생각해야 한다면 옆의 모습은 반드시 기울어져야 한다. 앞서 〈그림 35-Ⅱ〉의 w 좌표

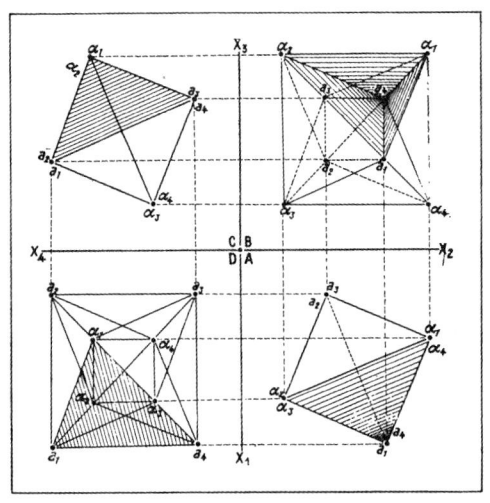

〈그림 37〉 4차원 하이퍼 상자의 해체

Jouffret, Mélanges de geométrie a guatre dimensions, Paris, 1906

는 4차원 좌표였다. 그것은 45도로 기울어져 표시되었다. 4차원을 2차원 평면에 표현해야 하니 그 방법밖에 없다. 원점을 중심으로 2상한 C에서 왼쪽으로 45도로 기울어진 것이 4상한 A의 원점을 중심으로 역시 왼쪽으로 45도 기울어졌다. 그것이 〈그림 37〉의 양쪽에서 사각형이 45도로 기울어진 것으로 나타났다.

　이에 따른 빗금도 기운다. 곧 사물을 한 방향에서만 볼 때 모습과 여러 방향에서 "함께" 볼 때 그 모습은 달라진다. 이때 빗금 부분으로 알 수 있는 것은 2상한 C가 180도 방향을 틀어 4상한 A가 된다는 사실이다. 꼭짓점의 이름도 뒤틀리는 것으로 보아 뫼비우스 띠가 되살아난다. 각 방향의 합성은 3차원의 휴지통이다. 그것을 네 방향에서 해체하여 2차원으로 보는 방법이 피카소의 그림이다. 기울어진 사각형은 피카소가 공부한 조플레의 교본에 나온 그림이다.

여기서 또 하나 흥미로운 점은 마름모(다이아몬드)이다. 겉의 상자와 속의 상자를 연결하는 8개의 직선이 마름모를 만든다. 피라미드를 두 개 포개 놓은 형국이다. (이 마름모가 나타나는 그림이 『게르니카』이다). 이 작품이 합성과 해체 과정을 거친 평면 그림임을 암시이며 상징이다. 비유하자면 〈그림 37〉은 〈그림 36〉의 스캔이다.

지금까지의 작업은 하이퍼 상자를 휴지통처럼 위아래에서 보았을 때와 옆에서 보았을 때, 서로 다른 모습으로 다루었다. 하이퍼 상자를 해체하여, 그 안에 내재한 기울어진 사각형을 찾아낸 간단한 방법이다.

이제 조금 복잡한 해체를 살펴보자. 〈그림 38〉의 왼쪽 위의 네 개의 그림을 보자. 그것은 〈그림 10〉의 복제이다. 왼쪽 위 하이퍼 상자는 위아래 좌우 양옆 어디서 보아도 유리통이다. 옆이라고 유리통의 모습이 아닐 수 없다. 특히 하이퍼 상자가 투명한 유리 상자라면 더욱 그렇다. 따라서 하이퍼 상자의 모든 면이 유리통일 때, 해체의 모습 속에 내재한 "기울어진 사각형"을 확인해야 한다.

유리통을 설명하는 가장 좋은 방법은 "접은" 4차원 십자가를 다

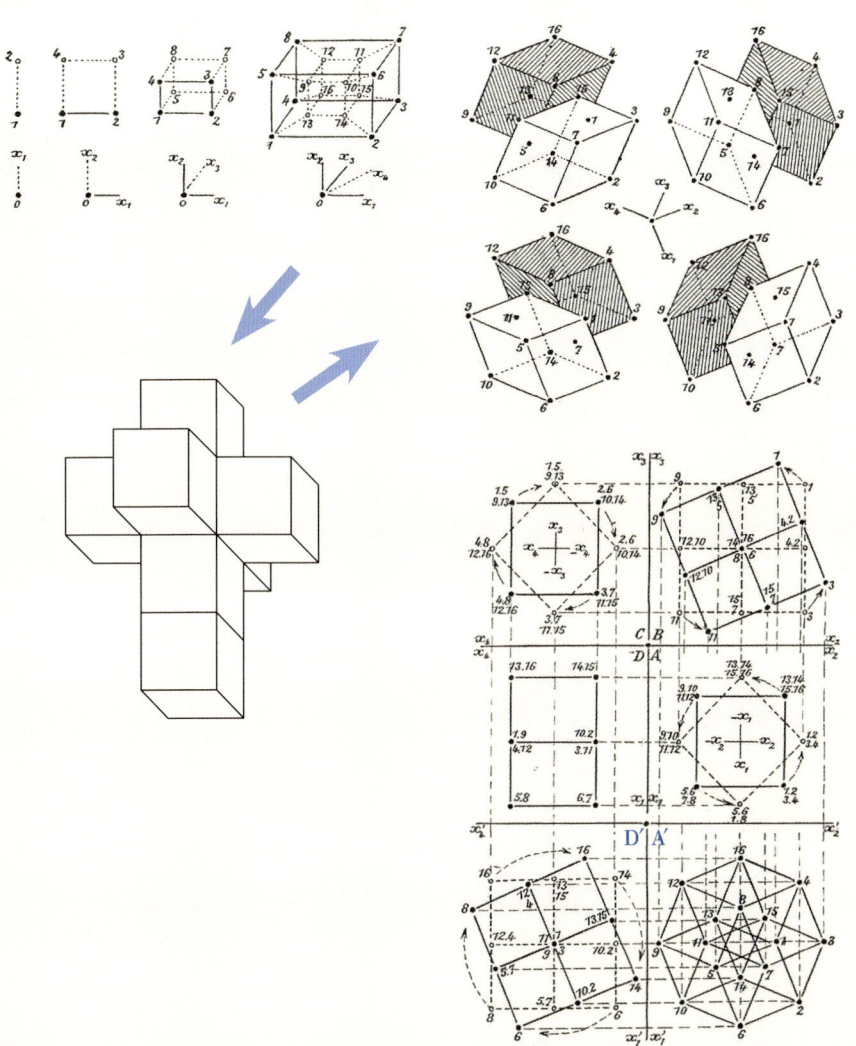

〈그림 38〉 24면 정육면체의 합성과 해체

Jouffret, Traité elementaire, 1903

시 보는 것이다. 곧 해체와 합성을 다른 식으로 말하기 위해 앞서 소개한 해체 공식에 의한 4차원 하이퍼 상자를 다시 보면 그것은 24면체 십자가의 여덟 개 상자를 "4차원에서 접은 것이다."〈그림 35-I〉. 이 하이퍼 상자는 겉에서 보면 24면체를 볼 수 없다. 겉에서는 6면체에 불과하다. 그러나 〈그림 38〉처럼 해체하면 마지막 상한 (A′)에는 24면이 모두 보이는 형태가 나타난다. 곧 24면체 십자가를 "4차원에 접어 넣어" 합성한 후 다시 2차원에 해체를 한 후 또다시 합성하면 내부가 모두 보이는 24면체 형태로 전환한다.

〈그림 38〉의 두 개의 24면체는 사실상 같다. 좌측 꼭대기의 0차원의 점에서 시작한 하이퍼 상자와 우측 끝(A′)에 해체된 24면체는 동등하다. 두 개의 24면체에는 동일의 해체 공식 (꼭짓점 수−변의 수+면의 수−상자의 수+전체 상자의 수=1)이 적용된다.[49] 좌측 꼭대기에 하이퍼 상자의 16개 꼭짓점은 내부에 8개와 표면에 8개 분포되어 있다. 변도 내부와 외부에 나누어져 있다. 24개 면도 외부와 내부에 분포되어 있다. 8개의 상자도 안으로 접혀서 내부에 있다. 그러나 우측 끝(A′)의 24면체에는 16개의 꼭짓점이 모두 표면에 나와 있다. 8개의 상자가 서로 얽혀 있다. 24개의 면도 모두 표면에 있다. 36개의 변도 표면에 있다.

종합하면 좌상부 꼭대기에 하이퍼 상자는 8개 상자가 "접혀서"

들어있는 유리통 모습이고, 우측 끝(A')의 24면체는 깎은 공 모양이다. 그 중간에 4차원 하이퍼 십자가가 있다. 이것이 피카소가 말하는 합성과 해체이다. 강조할 점은 이 해체에서도 내부 사각형은 좌우로 기울어지는 모습이 확인된다는 점이다. 4차원의 대칭 십자가에서 보면 하이퍼 상자가 상상의 실제이고, 하이퍼 상자에서 보면 24면체가 상상의 실체이다. 이러한 해체와 합성을 하기 전에는 내부 사각형이 기울어졌다는 사실을 아무도 몰랐다.

피카소의 기울어진 사각형

〈그림 35-Ⅱ〉에서 4차원 w 좌표가 왼쪽으로 45도로 기울어진 것이, 〈그림 37〉에서 사각형이 기울어진 것과 동일한 이치임을 확인했다. 4차원을 평면에 표시하려니 이 방법밖에 없다.

피카소는 모자 쓴 남자의 머리를 많이 그렸다. 그러나 〈그림 39-I〉의 『붉은 배경에서 모자 쓴 남자의 머리』는 특별하다. 이 그림에서 피카소는 얼굴을 사각형으로 제대로 그린 뒤 모자는 그대로 두고 얼굴만 반쯤 뜯어낸 후 접어서 기울어진 사각형으로 만들었다. 그것도 한 번이 아니라 두 번 기울어진 모습이다. 〈그림 37〉이나 〈그림 38〉의 복잡한 과정을 거치지 않으면서도 사각형의 기울어짐을 가장 단순하게 표현한 작품이다. 피카소가 두 번 기울어진 사각형의 구도를 정확히 인식하고 있었다는 증거다. 이 그림의 모델이 되었던 브라크의 『모자 쓴 피카소』와 비교하면 그 증거는 더욱 확연하다. 피카소의 뒤를 가득 메운 사각 캔버스들이, 그의 그림들이 왜 사각형으로 가득 채워졌는지를 설명해 준다. 여기에 더하여 『레오니 양의 초상 연구』는 미완성이지만 얼굴이 기울어진 데

〈그림 39-I〉 피카소 『붉은 배경에서 모자 쓴 남자의 머리』

Pablo Picasso, Head of a Man in a Hat on a Red Ground, Paris,
1913, 63×51cm, Private Collection

〈그림 39-Ⅱ〉 브라크 『모자 쓴 피카소』

Georges Braque, Portrait of Pablo Picasso, 1911,
Paris, boulevard de Clichy studio, Private Collection

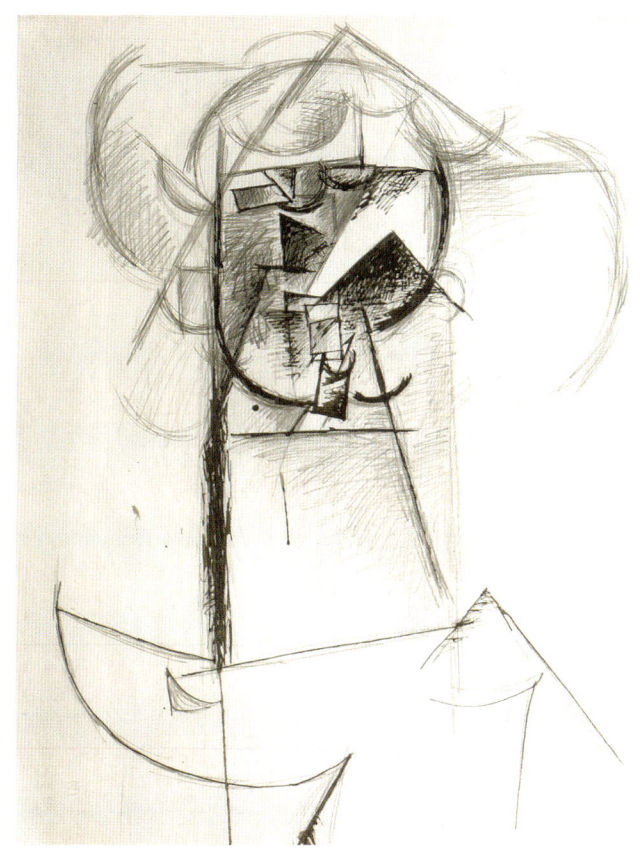

〈그림 39-Ⅲ〉 피카소『레오니 양의 초상 연구』

Pablo Picasso, Mademoiselle Léonie (Study), 1910, 63.4×49.5cm,
Marina Picasso Collection, Courtesy Galerie Jan Krugier, Ditesheim & Cie, Geneva

다가 가슴 역시 기울어진 사각형임을 보면 증거가 확실하다.

　기울어진 사각형의 중요성을 인식한 피카소는『칸바일러의 초상』에서 머리 부분에 기울어진 사각형을 도입하였다. 이런 점에서 〈그림 40-I〉의『칸바일러의 초상』을, 피카소가 그린『르누아르 초상』이나『르누아르 사진』속 기울어진 머리와 비교해 보는 것도 흥미롭다. 특히 르누아르J. Renoir의 주먹 쥔 왼손(그림 오른쪽)의 손가락 모습은 정상이 아니다. 사진에서도 확인된다. 그 왼손의 손가락만으로도 마치 두 손을 모아 깍지 낀 듯한 모습으로 보여 기괴하기까지 하다. 칸바일러 역시 두 손을 앞에 모은 것처럼 보이지만, 그보다 더 눈에 띄는 것은 그가 앉아있는 의자의 팔걸이에 얹은 (그림 오른쪽의) 왼손이다. 이 손은 흡사 두 손을 모으는 듯한 형태로 르누아르의 기괴한 왼손과 닮아 있다. 그림 왼쪽에 살짝 보이는 오른손의 모습도 르누아르의 오른손과 비슷하다.

　『칸바일러의 초상』의 기본 구도는 2차원의 ABP+C 평면이다. 이는 마네에서 벗어나 4차원으로 이동한 흔적이다. 칸바일러의 머리카락이 보이는 머리가 왼쪽으로 기울어진 것은 4차원의 표현이지만, 턱밑이 오른쪽으로 기울어진 모습은 역시 두 번 기울어짐을 강조한다. 또 그것은 흉상의 가슴 모습이면서 동시에 르누아르 옷의 기울어진 옷깃에서 유래되었다고 생각하게 만든다. 머리카락의 쏠리는 방향은 정사각형이 기울어지는 방향을 의미하기도 한다.[50] 초

〈그림 40-Ⅰ〉 피카소 『칸바일러의 초상』

Pablo Picasso, Portrait of Henry Kahnweiler, 1910, Oil on canvas,
100.4×72.4cm, Art Institute of Chicago

〈그림 40-Ⅱ〉 피카소 『르누아르 초상』

Pablo Picasso, Portrait of Pirrie-Auguste Renoir, Paris,
1919~1920, 61×49.3cm, Musée Picasso, Paris

〈그림 40-Ⅲ〉『르누아르 사진』

Vollard Gellery Photo, Portrait of Pierre-Auguste Renoir,
1913, 29.3×23.5cm, Musée Picasso, Paris

상화의 나머지 부분을 점, 선, 면 대신 상자로 채운 것은 그것을 기본 요소로 보는 4차원의 표현이다. 앞서 〈그림 39-Ⅱ〉의 사진 배경이 사각형 캔버스 투성인 점과 무관하지 않다.『르누아르 사진』의 뒷배경 또한 사각형의 행렬이다. 이들 여러 사각형을 연상하는 배경을 포함한『르누아르 사진』과 비교해 보면『칸바일러의 초상』의 배경 사각형들의 또 하나의 출처를 가늠할 수 있다. 앞서 〈그림 39-Ⅱ〉의 피카소 사진의 배경에 화실을 가득 메운 그림들과 사각 캔버스들도 출처 가운데 하나이다. 대표적으로 칸바일러 왼쪽(그림의 오른쪽)에 이젤에 놓인 캔버스와 오른쪽에 칸바일러 얼굴 높이에 걸린 아프리카 가면이 보인다. 피카소 화실에는 아프리카 가면이 많았다. 칸바일러의 오른쪽 아래에 화병도 화실의 장식품이다.

　이런 시각에서 칸바일러의 초상은 [마네의 퐁슬레 구도+4차원 구도+르누아르 사진]의 합성이다. 특히 우연일지 모르나 르누아르가 의도적으로 머리를 기울인 모습이 흡사 해체된 4차원의 기울어진 사각형과 닮아 인상적이다.

　피카소가 1910년 즈음 남녀의 머리를 기울어진 형태로 표현한 대로 세월이 흘렀음에도 1959년『앉은 누드 B』의 모습에도 여전히 머리가 기울어졌다. 그러나 여자는 머리와 함께 가슴도 기울어진 형태로 표현하였다. 뒤에서 해설할『아비뇽의 아가씨들』의 한 아가씨의 가슴이 그렇다. 절반이 빗변에다 기울어진 사각형이다.『앉은

〈그림 41〉 피카소 『앉은 누드 B』

Pablo Picasso, Femme nue accroupie, 1956, 146×114cm

누드 B』의 구도도 『르누아르 초상』에서 빌려왔다. 고개가 기울어짐은 물론이고 손의 위치도 그렇다.

플라톤의 다면체와
피카소의 위상적 해체

세잔P. Cezanne은 사물이 원뿔이라고 하였다. 원뿔에는 평평한 면이 없어 다면체가 아니다. 원뿔은 자르는 단면에 따라 다른 모습이 나타난다. 세잔은 4차원의 세계는 발견하지 못했다. 그의 그림 세계는 3차원에 머물렀으나 피카소에게 영향을 주었다.

피카소가 원용하는 4차원의 하이퍼 상자는 플라톤Platon의 다섯 개 다면체(입체) 가운데 하나이다. 플라톤은 사물의 단위를 점, 선 또는 면이 아니라 체(상자)로 보았다. (현대 물리학에서 사물의 기본을 설명하는 데 있어서 입자(점)에서 스트링(선)으로, 다시 막(면)으로 옮아갔다는 사실이 흥미롭다). 입자의 영향을 받은 화가가 쉬라G. Seurat이다.

고대 그리스인은 사물을 5대 원소 곧 불, 물, 공기, 흙, 에테르로 구분하였다. (동양의 오행은 목화토금수=한글 창제 원리). 플라톤에게 정사면체는 불, 정팔면체는 물, 정이십면체는 공기, 정육면체는 흙, 정십이면체는 에테르이다. 다섯 다면체 이외에는 없다는 사실이 그의 친구 테아이테토스Theaitetos가 증명하였다고 전해진다. 정사면체의 꼭짓점을 깎아 정육면체가 된 것의 꼭짓점을 깎으면 정팔면체가 되고 다시 꼭짓점을 깎으면 정십이면체가 되는데 마지막으로 이를 깎은 것이 정이십면체이다.

신비로운 사실은 모두 연결되어 있어 상자 속의 상자가 있다는 4차원의 특성이 다섯 다면체에 고스란히 들어있다. 곧 정사면체 속에 정사면체가, 정육면체 속에 정팔면체가, 정팔면체 속에 정육면체가, 정이십면체 속에 정십이면체가 있다는 점이다. 또 앞서 보았듯이 정육면체 속에서 나타나는 하이퍼 십자가가 정이십면체 속에서도 나타난다.

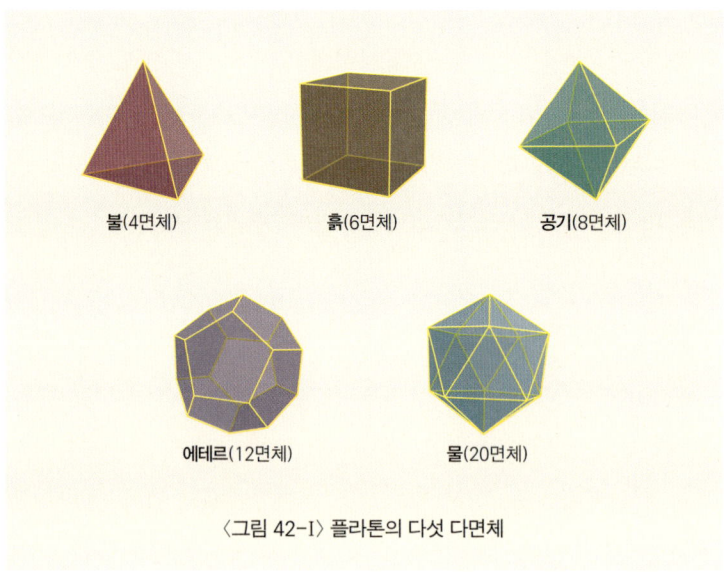

불(4면체)   흙(6면체)   공기(8면체)

에테르(12면체)   물(20면체)

〈그림 42-I〉 플라톤의 다섯 다면체

케플러J. Kepler는 우리가 살고 있는 우주에서 행성의 운동 법칙을 발견하였다. 플라톤의 정다면체 모형이 그가 사용한 태양계 모형이었다. 그것은 세계 속 세계였다. 그러나 이 모형은 관측과 일치하지 않아서 그는 자신의 이론을 수정하였다. 그가 수정한 태양계는 원형이 아니라 타원 운동을 하였기 때문이다. 그것이 오늘날 우리가 알고 있는 케플러 3대 법칙이다. 그러나 하나의 우주를 떠나 플라톤의 세계에서 정육면체 속에 정팔면체, 그 속에 다시 정육면체, 그리고 다시 정팔면체의 복제는 무한하게 계속된다. 케플러의 모형을 보면 "호도 속의 우주"를 떠올린다. 현대에 와서 영국의 물리학자 호킹Hawking이 그렇게 불렀다.

플라톤은 예술을 혐오하였다. 이데아가 아니라 껍데기뿐이라는 이유에서다. 예술품은 속임수와 환상에 불과하다는 것이다. 그에게 다섯 개의 원소를 상징하는 다섯 다면체 이외의 것은 존재하지 않는다. 속임수와 환상을 회피하기 위해서는 본질을 꿰뚫어 볼 필요가 있다고 그는 주장했다.

피카소의 그림에서 플라톤의 다섯 다면체 가운데 다섯 개 모두가 발견된다. 그는 4차원 다면체를 2차원에서 해체하여 재구성하는 방식으로 자신의 그림을 "창조"한 최초의 화가이다. 예를 들어 축구공은 20면체에 공기를 주입한 것이다. 그것은 사람의 머리를 그리려는 화가에게 기본 모습을 제공한다. 그러나 그 머릿속을 해부학적으로 보고 싶은 의학자는 X-레이를 찍는다. 그 머리를 다면, 다층으로 그리고 싶은 화가는 20면체의 해체를 알아야 할 것이다. 의사가 X-레이 원리를 모르면 그 사진을 해독할 수 없듯이, 20면체 수학을 모르면 해체할 수 없을 것이고 사물을 다층으로 그리지 못할 것이다.

그러나 피카소는 다면체만 염두에 두고 해체-합성하지 않았다. 플라톤의 다섯 다면체에는 모두 "입구와 출구가 관통"하는 구멍이 없다. 아무리 모양을 변경하여도 그러한 구멍이 나타나지 않는다. 앞서 보았듯이 정사면체→정육면체→정팔면체→정십이면체→정이십면체로 확대되어도 표면에 그러한 구멍이 없다. 그 결과 플라톤의 다면체를 실로 감싸서 묶고 실 끝을 잡아당기면 실은 다면체에서 분리된다. 푸앵카레 추측은 바로 이 점에 핵심을 두고 있다. 우주의 모습이 플라톤의 다면체일까? 최근에 러시아 수학자 페렐만G. Perelman이 100년 만에 이 난제를 풀었다. (그는 1백만 달러 상금도 거절하고 교수직 제의도 거절하였다. 우주의 모습을 쫓는 내가 상금을 쫓는다고?).

우주가 가운데 구멍이 있는 도넛 형태라면 도넛을 묶은 실은 도넛과 분리되지 않는다. 열쇠가 열쇠고리와 분리되지 않는 이치이다. 마젤란이 세계를 일주하여 지구가 둥글다는 주장을 증명했다고 하지만, 이 항해만으로 증명되지 않는 것은 도넛 같은 구멍이 있는 물체의 표면의 한 점에서 출발한 선박도 실을 따라서 한 바퀴 항해 후 돌아 출발지로 돌아올 수 있기 때문이다. 지구가 뫼비우스 띠처럼 생겼어도 출발지로 돌아온다. 지구가 공처럼 둥글다는 증명은 우주선이 달에서 찍은 사진이 최초이다.

　도넛 반죽은 구멍을 유지한 채 새로운 구멍은 뚫지 않고 형태만 바꾸면 〈그림 42-Ⅱ〉처럼 컵이 된다. 도넛과 컵의 공통점은 구멍이다. 도넛과 컵은 "위상으로topologically" 같다. 프레첼은 구멍이 두 개이므로 손잡이가 두 개 달린 컵과 위상적으로 같다.

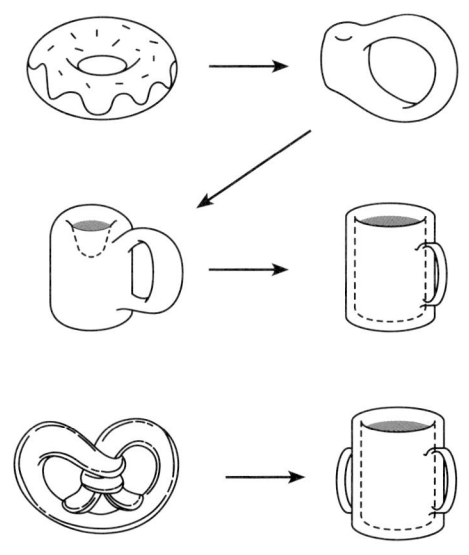

〈그림 42-Ⅱ〉 동일 위상의 도넛과 컵, 동일 위상의 프레첼과 컵

〈그림 42-Ⅲ〉 무어 『가로누운 형태』

Henry Moore, Reclining Figure, 1938, Tate Gallery, London

이러한 관점에서 무어H. Moore의 조각 『가로누운 형태』는 제목 그대로 밀가루 반죽처럼 위상적으로 변형된 돌의 원래 형태를 묻고 있다. "그[무어]는 돌에서 여인을 조각한 것이 아니라 여인에서 돌을 조각한 것이다."[51]

반죽만큼이나 유원지의 왜곡 거울distorting mirror도 좋은 예이다. 그 거울은 표면이 고르지 않다. 여기에 모습을 비추면 왜곡이 생긴다. 왜곡 거울은 본 모습을 변형시킨다. 왜곡이 심할수록 본 모습을 유추할 수 없게 된다. 그럼에도 왜곡상은 본 모습과 1대 1의 위상

관계를 갖는다. 왜곡 거울은 위상수학의 2차원 세계이다.

　사람 몸통을 관통하는 소화기관을 생각하면 사람도 위상적으로 도넛이나 컵과 같다. (코와 귀는 관통하지 않는다). 그 증거가 피카소의 〈그림 42-Ⅳ〉이다. 입에서 항문까지 이어지는 소화기관이 몸을 관통함으로써, 사람의 몸이 위상적으로 도넛과 같음을 보여준다. 사람이 2차원에서 생존할 수 없는 이유는 소화기관을 중심으로 몸이 둘로 분리되기 때문이다. 이 그림은 피카소의 그림이 2차원임을 증명한다. 여기에 〈그림 42-Ⅴ〉~〈그림 42-Ⅶ〉이 추가적 증거를 제공한다. 이 그림들은 피카소가 위상수학의 본질을 이해한 2차원 작품들이다.

　여기에 더하여 〈그림 42-Ⅷ〉~〈그림 42-Ⅷ〉은 도넛 반죽처럼 본질적인 형태는 유지한 3차원이지만 위상적 변형을 가하여 하이퍼 사각형 ▨에 표현한 2차원 그림이다. 위상수학을 이용한 사물의 위상적 변형과 하이퍼 사각형의 결합은 피카소 그림의 본질인 해체라는 점에서 같다. 특히 이 두 가지 특성 가운데 하이퍼 사각형 ▨의 여부로 피카소 그림의 소재가 되었던 마티스의 〈그림 42-Ⅸ〉와 비교할 때 그 차이가 확연한 점으로 미루어 위상 개념이 없는 마티스H. Matisse의 〈그림 42-Ⅸ〉는 피카소가 3차원의 위상 개념과 2차원의 하이퍼 사각형의 본질을 함께 이해했다는 움직일 수 없는 증거이다.

〈그림 42-Ⅳ〉 피카소 『앉아서 목욕하는 여인』

Pablo Picasso, Baigneuse Assise au bord de la mer, 1929, 163×129.5cm,
Museum of Modern Art in New York City

〈그림 42-V〉 피카소 『디나드 해변의 마리-테레제 워터』

Pablo Picasso, Marie-Thérèse Walter on the Beach at Dinard, 1928 or 1929, Private collection

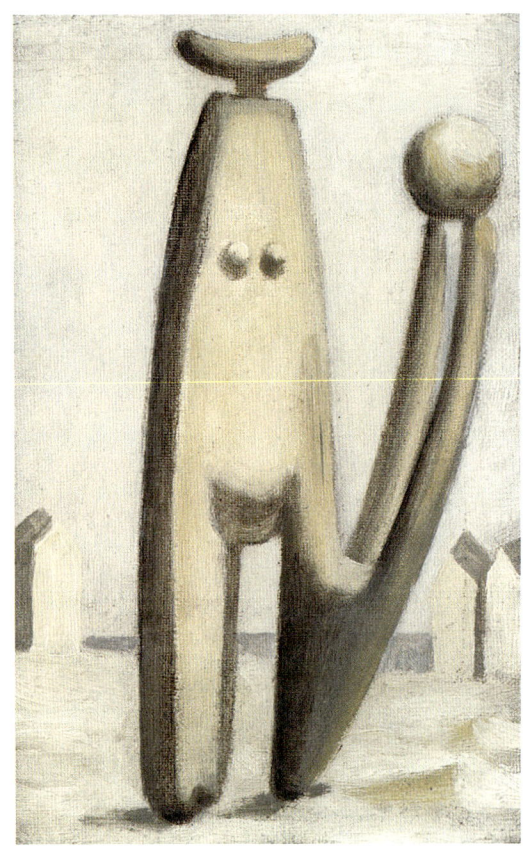

〈그림 42-Ⅵ〉 피카소『해수욕자의 비치 볼』

Pablo Picasso, Bather with Beach Ball at Dinard, 1929, Oil on canvas,
21.9×14cm, Musée Picasso, Paris

〈그림 42-Ⅶ〉 피카소『세 여인의 해부』

Pablo Picasso, An Anatomy: Three Women, 1933, Pencil on paper,
19.8×27.4cm, Musée Picasso, Paris

〈그림 42-Ⅷ〉 피카소『창가의 여인』

Pablo Picasso, Femme dans un fenetres, 1936, 55×46cm

〈그림 42-Ⅸ〉 마티스 『푸른 누드』

Henri Matisse, Blue Nude, 1952, 116.2×88.9cm,
Musée National d'Art Moderne, Paris

피카소의 해체와 합성

2차원인 망막이 3차원을 이해한다는 사실에 과학자들은 당황하였다. 두 눈을 합치면 4차원인데 그것을 볼 수 없다는 사실은 더 기이하였다. 이 점에 관하여 수학적으로 연구한 이가 푸앵카레이다.

현대에 와서 알려진 사실은 3차원 사물을 보려면 망막에 들어온 입체적 정보를 망막이 2차원의 기본단위인 선line으로 해체한다는 점이다. 몇 단계를 거치면서 다시 합성되어 사물에 반응하는 뉴런neuron이 인식하게 된다. 이 원리를 적용한 것이 인공지능 AI이다. 인공지능이 사물을 인식하는 방법이 해체와 합성이다. 먼저 컴퓨터 안에서 사물이 화소畫素까지 0과 1의 2진법으로 뿔뿔이 해체된다. 그 후 선을 나타내는 필터를 지남으로써 윤곽의 정도를 추출해 그 선이 조합되어 나간다. 마지막 합성 단계에서 합성에 반응하는 노드node가 활성화되어 인공지능 AI는 그것이 사물임을 인식한다.[52]

자연과학뿐만이 아니다. 해체와 합성은 피카소가 활약하던 20세기 초 오스트리아학파에서도 중요하였다. 경제학자 슘페터가 창조적 파괴라는 개념으로 경제사를 설명하였다. 그러나 이 개념을 처음 사용한 이는 마르크스라고 알려졌는데 헤겔의 변증법(정-반-합)에서 영향을 받은 것이다. 당시 세기말 비엔나는 상징주의, 신비주의, 퇴폐주의가 자본주의, 과학주의와 묘한 대조를 이루며 그 자아분열적 감수성이 비엔나 문화계를 감싸고 있었고, 다른 유럽 도시 특히 파리에 전파되었다.

앞서 말했듯이 『게르니카 과정 I』에서 배역은 사실적이다. 땅에 쓰러져 불끈 쥔 주먹을 하늘에 대고 절규하는 병사의 모습이 그렇다. 배경을 이루는 가옥의 형태나 황소 등도 사실적으로 묘사되어 있다. 그러나 『게르니카 과정 III』을 거쳐 『게르니카』 최종본에 이르면, 4차원 대상은 2차원 평면 그림으로 바뀐다.

첫째, 390.5×782.3cm의 대형 최종본 자체가 4차원 하이퍼 상자 ⊠이다. 곧 외부 사각형은 바깥 테두리이다. 외부 사각형의 각 꼭짓점에서 안으로 연결되는 직선이 보이고 그것과 연결된 내부 사각형이 보인다. 전형적인 4차원 하이퍼 상자이다. 이 변화는 최종본에서만 나타난다. 이 그림의 배경은 실내가 아니라 게르니카의 거리이다. 그러함에도 하이퍼 상자를 배경으로 삼았다는 것에서 피카소의 의도를 알 수 있다.

둘째, 최종본에서만 볼 수 있는 이 같은 특징은 피카소가 『게르니카』를 그리는 전 과정을 기록한 도라 마르Dora Maar를 그린 『도라 마르의 초상화』에서도 확인할 수 있다. 두 그림 모두 1937년 작품

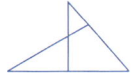

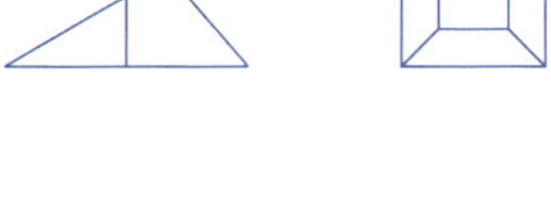

〈그림 43〉 피카소 『게르니카』 최종본

Pablo Picasso, Guernica, 1937, 350.5×782.3cm,
Museo Nacional Centro de Arte Reina Sofía, Madrid

〈그림 44-I〉 피카소 『도라 마르의 초상화』

Pablo Picasso, Portrait de Dora Maar, 1937, 92×65cm, Musée Picasso, Paris

〈그림 44-Ⅱ〉 피카소『마리 테레즈의 초상화』

Pablo Picasso, Portrait de Marie-Thérèse, 1937, 100×81cm, Musée Picasso, Paris

이다. 내연녀 도라 마르가 앉아있는 공간이 4차원 하이퍼 상자이다. ▨. 더욱이 빗금과 마름모까지 유사하다. 피카소가 4차원 하이퍼 상자뿐만 아니라 조플레의 〈그림 37〉의 빗금과 마름모까지 알고 있었다는 강력한 증거이다. 도라 마르의 얼굴은 뫼비우스 띠이다.

셋째, 특히 빗금과 마름모가 강조된다는 점에서 흥미로운 것은, 같은 해에 그린 또 다른 내연녀의 초상화인『마리 테레즈의 초상화』역시 배경에 하이퍼 상자 ▨가 있으나, 그 안에는 빗금도 없고 마름모도 없다.『게르니카』최종본 이전의 여러 과정에서 나타나지 않던 하이퍼 상자가 최종본과『도라 마르의 초상화』에 동시에 나타나고, 여기에 빗금까지 추가하여 차별한 것은 작업 과정에 기록으로 참여한 도라 마르와 의논한 것이라 여겨진다. 특히『도라 마르의 초상화』의 가슴을 보면 그 구도가『앉은 누드 B』의 머리와 닮았는데 그것은 플라톤의 공기(8면체)와 물(20면체)의 구조이다.

넷째, 4차원의 또 하나의 증거는 도라 마르의 가슴에서 볼 수 있는 마름모이다. 이 마름모는『게르니카』최종본에서도 말의 가슴 부위에 나타난다. 주위와 비교하면 뜬금없고 느닷없다. 이것은 4차원을 암시한다. 3차원의 합성 물체를 2차원으로 해체하는 과정에서 나타나는 전형적인 형태 가운데 하나가 마름모이다. 이를 확인할 수 있는 증거는『게르니카 과정 I』과 비교했을 때, 이후『게르니카 과정 VI』에서는 황소 머리와 말 머리가 180도 꺾였고, 땅에 쓰러진 투우사 역시 허리에서 반이 꺾였다. (두 발이 보이지 않는다). 4차원에서 온전했던 합성체가 해체당한 것이다. 이 과정에서 마름모가 나타난다.

다섯째, 『게르니카』 최종본에 4차원의 단서가 숨어 있다는 또 하나의 강력한 증거는 앞서 언급했듯이 우측 여인의 두 다리에 뼈가 보인다는 점이다. X-레이에 노출된 모습이다. 앞서 4차원 상자는 사각형 속의 사각형을 품고 있다. 이 여인의 "다리 속의 다리"가 상자 속의 상자 그 개념이다. 이 단서와 함께 세 개의 4차원 상자가 보인다. 피카소가 뢴트겐의 X-레이 뼈 사진을 보았음은 확실하다. 이는 상부에서 강하게 쏟아지는 빛에 노출된 모습으로 확인된다.

여섯째, 4차원 하이퍼 상자 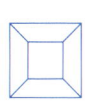는 후대 예술에도 영향을 미쳤다. 에서가 그린 『다른 세계』는 제목 그대로 4차원이 다른 차원의 세계

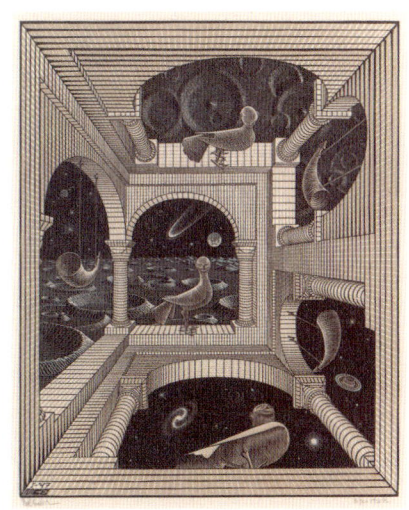

〈그림 45〉 에서 『다른 세계』

임을 표현한다.

일곱째, 『게르니카』는 피카소가 개척한 "해체와 합성"에 어울리는 작품이다. 1937년 평화롭던 스페인 북부 게르니카에 프랑코 장군을 지원하는 독일과 이탈리아의 항공기가 폭탄을 퍼부었다. 주민은 살상당하였고, 도시는 파괴되어 평면화되었다. 해체가 만든 조각들을 하나로 합성한 평면 작품, 그것이 바로 『게르니카』이다.

여덟째, 이상의 증거들 외에도 피카소가 3차원의 사실적인 스케치에서 시작한 게르니카를 평면화로 마무리했다는 과정이 또 하나의 증거가 된다.

아홉째, 그림 상부의 밝은 빛은 폭탄이 터질 때 발생하는 섬광이다. 『게르니카 과정 I』에는 빛의 소재가 없다. 그다음 『게르니카 과정 III』의 빛의 소재는 필라멘트가 없는 것으로 보아 그것이 폭탄임이 틀림없다. 『게르니카 과정 III』에 섬광에 찢어진 공간이 보이는데, 여기에 최종본 『게르니카』에는 비둘기를 추가하여 평화가 찢겼음을 표현하였다. 『게르니카 과정 I』과 『게르니카 과정 III』에는 말이 완전히 쓰러졌다. 게르니카의 인구 2,500명이 죽었고, 도시의 80퍼센트가 잿더미가 되었다. 입체 도시에서 평면 도시가 된 것이다.

이상으로 『게르니카』는 평면 그림으로서 갖추어야 할 요소를 모두 갖추었다. 피카소는 의미를 부여했다. "황소는 파시즘이 아니다. 폭력적이고 어둡다. 말이 백성이다."[53] 스페인의 투우 경기는 황소와 투우사의 대결이다. 그는 붉은 카포테capote와 검을 들고 나타난다. 반데리예로banderillero와 피카도르picador가 창으로 투우를 찔러 놓으면 그는 검으로 심장을 찌른다. 그는 말을 타고 투우장을 한 바퀴 돈다. 관중은 꽃을 던지며 환호한다.

이 그림에서 꽃은 떨어져 부러진 투우사의 칼 곁에 누워있다. 그의 "패배의 꽃"이 마네의 "두뇌의 꽃"이었다. 그 창끝이 그의 가슴을 덮고 있다. 투우사는 부러진 칼을 움켜쥐고 바닥에 쓰러졌다. 그가 투우사인 것은 『게르니카 과정 Ⅵ』의 그림에 아기를 안은 어머니 앞을 가리는 투우사의 카포테가 말해준다. 최종본 『게르니카』에서 카포테를 지웠다. 그의 자랑스러운 몬테라montera 모자도 바닥에 구른다. "어두운 폭력"이 백성을 이긴 것이다. 의기양양한 검은 투우의 꼬리가 하늘을 향해 휘날리고 있다.

투우사의 왼손바닥에 예수의 못 자국인 성흔stigma이 보인다. (게르니카 과정 I에서는 보이지 않는다). 그는 순교한 것이다. 그것은 ABP+C의 구도에서 C에 해당하는 데 『최후의 심판』에서는 보이지 않는 예수가 상상의 실제이다.

투우사의 견장이 말 앞에 붕 떠 있다. 펜대를 잃은 펜촉이 말 앞 허공에 떠 있으며, 신문지의 글자가 바닥에 뒹군다. 신문지로 덮인 말은 우측으로 향하려 하는데 고개가 좌측으로 돌아가 있다. 말은 울부짖고 있다. 그의 오른쪽 앞발이 땅에 꿇렸고, 꼬리는 처져 있다. 언론은 백성과 함께 죽었다.

투우사는 공화파 군인을 상징한다. 『게르니카 과정 Ⅲ』에서 그는 말(국민)과 함께 땅에 쓰러졌다. 그러나 피카소는 땅에 쓰러진 사람이 프랑코F. Franco이길 희망했다. 그 이유는 피카소가 『게르니카』를 그리기 전에, 말을 타고 황소를 향해 돌진하는 돈키호테의 모습을 담은 만화 『프랑코의 헛된 꿈』을 그렸기 때문이다. 황소의 뿔에 부딪혀 프랑코가 망한 헛된 꿈, 『게르니카』를 예고한 만화였다. 피카소의 소망이었다.

폭력으로 죽은 아기를 안은 여인이 하늘을 향해 울부짖고 있다. 오른쪽에는 폭력으로 불타는 집에 갇힌 여인 역시 두 팔을 벌려 하늘을 향해 울부짖고 있다. 그 아래 여인의 무릎에 삼각형 파편이 파고들었다. 그녀는 복부에도 피를 쏟으며 밝은 곳으로 들어오려 애쓴다. 그곳은 빛의 삼각형이 만드는 흰색 지대이다. (〈그림 17〉의 빛의 삼각형과 비교해 보라). 마네의 『풀밭의 점심』처럼 빛은 그 위 여인의 손에 들려 있다. 그녀는 창가에 빛을 쥔 손을 밖으로 뻗었다. 그 희망의 흰빛은 어디로 향하는가? 피카소의 좌향이다.

이 그림에서 배역들은 한결같이 우측을 향하지 않고 있다. 피카소는 프랑스 공산당원이었으며 당원증을 지니고 다녔다. 그것이 파리에서 그의 신분증이었다. 이 그림은 피카소의 애인 도라 마르가 독려하여 그렸고, 그녀는 그 과정을 사진으로 기록하였다. 그녀 역시 좌익이었다. 피카소는 레닌 평화상과 스탈린 평화상을 받았다. 프랑스 시민권을 신청했으나 그의 공산주의 사상 때문에 거절당하였다. 그가 한국전쟁을 소재로 그린『한국의 학살』은 공산주의자로서 그의 면모를 유감없이 보여주었다. 그의 미술상 칸바일러는 말했다. "피카소만큼 정치적인 화가는 만나 보지 못했다."『게르니카』의 원본은 스페인에 있고, 복사본이 국제연합 본부에 걸려 있다.

피카소의 4차원 스캔

 하이퍼 상자의 단순한 휴지통 해체에서 유리통 해체로 발전을 거친 피카소는 더욱 복잡한 형태에 도전하였다. 지금까지는 1개의 하이퍼 상자 ⧈의 해체를 보았다. (그것이 휴지통이건 유리통이건). 그 결과 내부 사각형은 기울어진 사각형이었다. 이제 8개의 하이퍼 십자가를 한꺼번에 해체하여 그 결과를 확인한다.

 1개의 다이아몬드 피라미드는 8면체이다. 16개의 8면 다이아몬드 피라미드는 겹친 면을 제외하면 24면체이다. 〈그림 46〉이 다이아몬드 피라미드를 합친 24면체의 하이퍼 피라미드이다.

 〈그림 34〉의 24면 대칭 십자가와 비교하면 6면체 대신 8면체 피라미드로 대체하였다. 위아래에서 보아도 다이아몬드 피라미드이고, 좌우에서 보아도 다이아몬드 피라미드이며, 앞뒤에서 보아도 다이아몬드 피라미드이다. 대칭 다이아몬드 피라미드이다. 이 다이아몬드 피라미드는 3차원에서 24면체이다. 3개의 8면체 피라미드가 24면을 가진 16개의 피라미드가 되는 해체를 조플레가 보여주었다. 〈그림 46〉의 좌측 20면체에서 각 면의 중심으로 만든 하이퍼

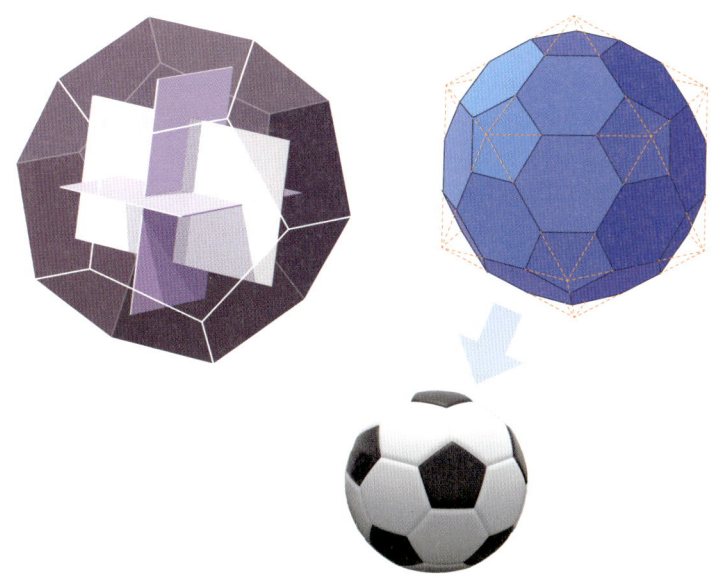

〈그림 46〉 20면체 속의 하이퍼 십자가와 월드컵 축구공

Newton Special, October, 2021. p.61·65

십자가도 이를 보여주고 있다.

거꾸로 플라톤 20면체는 대칭 십자가에서 각 꼭짓점을 연결하여 만들 수 있다. 이처럼 대칭 4차원 하이퍼 십자가는 20면체와 같은 개념이다. 이 작업에서 월드컵 공식 축구공이 만들어진다. 그것은 표면이 20개의 5각형과 6각형으로 뒤덮여 있다. 십자가와 축구공이라. 이것을 앞뒤가 모두 보이도록 2차원에 펼치면 어떤 모습일까?

이제 하이퍼 사각형 속의 여덟 개 육면체를 모두 한꺼번에 해체하는 방법은 복잡하지만 가능하다. 〈그림 47〉이 그 해체이다. 그 해체 결과 여러 겹의 기울어진 사각형이 보이는데, 이는 3차원 플라톤 다면체 가운데 하나인 16개의 8면체 피라미드이다. 해체 공식(꼭짓점 수-변의 수+면의 수-상자의 수+전체 상자의 수=1)을 따랐다.

24면체는 〈그림 42-I〉의 5개의 플라톤 4차원 다면체 가운데 하나인 20면체에 4면을 더해 만든 것이다. 이 4차원 다면체를 2차원 평면으로 해체하면 어떤 모습이 될까? 플라톤 이래 오랜 질문이었다. 24면체 해체는 〈그림 47〉이 그 대답이다.

20면체에 4면을 합쳐 만든 24면체는 대체로 깎은 공 모양이다. 사람의 머리를 24면체라고 하자. 사실 미술학원에서 연습생들이 하는 작업을 보면, 석고를 둥글게 반죽한 뒤 넓적한 나무 주걱으로 내려쳐서 틀을 잡는다. 석고 표면에는 사각형 주걱 자국이 점철되는데, 그 사각형이 24개면 24면체가 된다. 여기서 질문: 이 3차원에서 24면체의 석고를 2차원 평면에 펼치면 어떠한 모습이 되겠는가? 말을 바꾸면 8개 상자로 구성된 4차원 하이퍼 상자를 평면에 펼치면 몇 개의 면의 형체가 될까? 〈그림 47〉을 응용하여 피카소가 곧바로 도전한 『암브로스 볼라르의 초상』이 그것이다. 볼라르 역시 미술상이다. (세잔, 르누아르도 그의 초상을 그렸다. 비교하는 것도 흥미롭다).

〈그림 47〉의 네 개 상한에는 일련 번호가 1번에서 시작하여 24번에서 끝난다. 24면체임을 눈치챌 수 있다. 이 24면체를 1상한에서 보면 4개의 8면체 다이아몬드 피라미드가 보인다. 2상한, 3상한, 4상한에서도 각기 4개의 8면체 다이아몬드 피라미드가 보인다. 이것이 3차원 24면체를 네 개의 상한에서, 곧 4차원에 펼쳤을 때의 모습이다. 이 전개에서 1상한의 상자 (1, 9, 18, 12, 10, 3, 11, 20)을 보자. 꼭짓점 1번을 원점으로 보면 세 개의 축 파란 축(1-9), 붉은 축

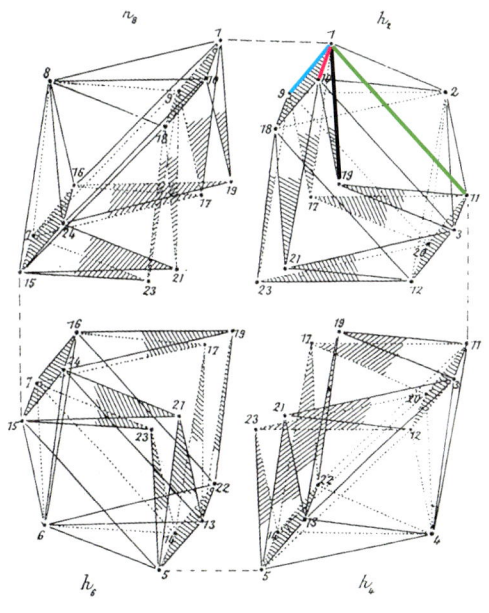

〈그림 47〉 조플레 24면체의 해체

Jouffret, Traité elementaire de geométrie a quatre dimensions, Paris, 1903

(1-10), 초록 축(1-11)을 볼 수 있다. 여기에 (1-19)의 네 번째 검은 축이 보인다. 곧 4차원이다. 마찬가지로 9번을 원점으로 삼으면 세 개의 축(1-9, 9-18, 9-20)을 이룬다. 여기에 4차원 축은 (9-17)이다. 이런 식으로 1상한의 상자에서 연관된 점들을 모두 얻을 수 있다. 이 상자에서 4개의 8면체 다이아몬드 피라미드가 도출된다. 3상한의 상자에도 같은 원리를 적용한다. 여기서 만들어진 점들은 예를 들면 (2-11-3-12-20)이 피라미드이다. 1상한의 점들과 일치해야 한다. 2상한과 4상한의 점들은 1상한과 3상한의 점들과 일치해야 한다. 점들을 연결하면 그림처럼 된다. 3차원 24면체의 X-레이에 비친 모습이며, 더 나아가서 CT와 MRI의 스캔 모습이다.

〈그림 48〉에서 『암브로스 볼라르의 초상』의 밝은 머리는 기울어진 8면체 다이아몬드 피라미드 3개가 겹쳐 있다.[54] 그 기본은 〈그림 47〉에서 해체된 24면체 하이퍼 상자의 상호 연관이다. 그것은 〈그림 48〉처럼 볼라르의 머리가 겹겹이 여러 층으로 접은 종이와 같은 모습이다. 이 초상화는 3차원에서 보았을 때 24면체의 볼라르의 머리를 네 방향(상한)에서 해체하여 2차원에 모두 표현한 것이다.[55]

제과점의 크루아상도 좋은 예가 된다. 그것은 3차원에서 하나의 빵이지만 만드는 과정을 보면 흥미롭다. 반죽을 밀대로 얇게 펴 2차원으로 만든 다음 버터를 발라 반으로 접는다. 다시 밀대로 얇게 편 다음 또 다시 버터를 바르고 다시 반으로 접는다. 이 과정을 수없이

〈그림 48〉 피카소 『암브로스 볼라르의 초상화』

Pablo Picasso, Portrait of Ambroise Vollard, 1910,
92×65cm, Pushkin Museum, Moscow

반복한다. 하나의 크루아상은 3차원 물체이지만 그렇게 수없이 반복된 2차원 결(층)의 합으로 구성되어 있다. 이 과정을 지켜보면 반죽의 최초의 한 점이 여러 결에 각 점으로 흩어지는데 점과 점 사이의 관계를 찾아내는 일이 4차원 수학이다. 3차원의 종이학을 2차원으로 해체하여 보고 싶은 모습이다.

한 가지 흥미로운 사실은 〈그림 47〉의 각 상한의 피라미드 모습을 〈그림 49〉에 비유할 수 있는데, 이는 주모의 위치를 세 번 이동시킨 마네의 X-레이 밑그림 〈그림 26〉과 같다는 점이다. 곧 2차원 평면의 PAB+C의 기본 구조가 C′–C″– …으로 다면성을 나타내는데, 다만 다이아몬드 피라미드 형태로 증식한다. 따라서 4차원의 24면체의 기본 구조도 3차원의 기본 구조에서 크게 벗어나지 않는다.

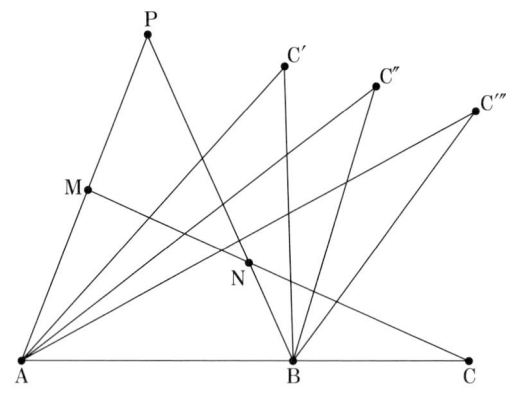

〈그림 49〉 24면체 피라미드의 구조

피카소의 비교원근법

『아비뇽의 아가씨들』은 피카소를 단번에 화단의 이단아로 올려 놓은 작품이며, 동시에 19세기와 20세기를 가르는 화단의 이정표 이다. 이를 확인하기 위해 먼저 〈그림 15〉와 〈그림 8〉을 참고하자. 〈그림 15〉와 〈그림 8〉을 『아비뇽의 아가씨들』에 덮어씌운 것이 〈그림 50-1〉이다. 곧 〈그림 15〉에서 무수히 많은 소실점 가운데 P 하 나를 선택했을 때, 쌍둥이 삼각형 ABP와 AMC가 〈그림 8〉에서는 평면이다. 〈그림 15〉의 기본은 PAB+C이다. 곧 C는 PAB에서 MN을 연결한 상상의 소실점이다. 같은 논리로 PAN의 상상 소실점은 C' 이며, BMM'의 상상 소실점은 C''이다. $C-C'-C''$은 직선이 된다. 이제 $C-C'-C''$이 가능한 것처럼 $C-C'-C''-\cdots\infty$도 논리적으로 가능하다.

이것은 입체파 평면 그림의 하나의 골격이 된다. (이 방법만이 입체파 회화의 원리는 아니다). 삼각형의 행렬이 무한한 것은 피라 미드를 자르는 단면이 무한하기 때문이다. 이에 따라 무한한 단면 에서 무한한 소실점이 발생한다.

사영기하학이 드러내는 〈그림 15〉의 다면성은 이미 입체파 그림의 한 형태로서 피카소의 『아비뇽의 아가씨들』의 구도를 설명할 수 있다. 〈그림 8〉의 도움을 받아 〈그림 15〉의 좌우를 바꾸어 〈그림 50-I〉의 피카소의 평면 그림 『아비뇽의 아가씨들』에 대입하여 비교한다.

첫째, 피카소 그림에서 우측 아가씨의 얼굴이 P, 키가 작은 아가씨 V를 거쳐서 좌측 아가씨가 어울리지 않게 높이 들어 올린 손이 G″이다. G″과 V를 연결한 직선의 우측 연장선이 우측에 쪼그려 앉은 아가씨의 얼굴과 만나는데 M에 해당한다. 피카소의 그림에 두 번째 아가씨 V의 다리가 크고 괴이한 데에는 이유가 있을 것이다. M에서 시작한 직선은 이 다리를 따라 직선으로 통과하며 그 끝에 있는 발이 B이다. 우측의 P와 M을 연결한 직선이 쪼그려 앉은 아가씨 M의 하부와 만나는 지점이 A이다. 또 아가씨 V의 실제보다 큰 다리는 그 옆 아가씨 P′의 팔이 크고 괴이한 것에 비할 수 있다. 3차원의 지형을 2차원의 평면지도로 표현하면 북쪽의 그린란드가 실제보다 커지고, 남쪽의 남극대륙 역시 실제보다 크게 될 수밖에 없다. 다시 말하면, 피카소의 그림이 2차원 평면이라는 뜻이다.

둘째, 좌측 아가씨의 다리가 조각조각으로 표현되었다는 주장은 이 그림의 스케치와 비교할 때 어울리지 않는다. 차라리 그것은 아가씨가 입은 옷이 흘러내린 모습이다. 옷을 입은 전체 모습을 보면 더욱 분명해진다. 좌측 아가씨는 상부까지 옷을 걸쳤으나 오른쪽으로 이동할수록 아가씨들의 옷은 점점 벗겨져 우측 아가씨와 앉

〈그림 50-I〉 피카소 『아비뇽의 아가씨들』

Pablo Picasso, Les Demoiselles d'Avignon, 1907, 224×233cm,
The Museum of Modern Art Estate of Pablo Picasso,
Artists Rights Society, New York

은 아가씨는 하나도 입지 않은 상태이다.

셋째, 두 아가씨 P와 V의 길이에 황금비율로 대응하는 길이가 AB이다. 삼각형 ABP가 형성된다. 곧 PV:AB=1:1.6이다. PV의 연장선(점선)과 AB의 연장선이 만나는 곳이 C인데 그림의 좌측 밖에 있다. 이것을 근거로 직선 MC가 삼각형 AMC를 형성한다.

넷째, 삼각형 PAB에서 P와 B를 연결한 직선은 두 번째 여인 V의 치부 V′을 통과한다. 이것은 우연이 아니며, 피카소가 모델의 치부를 단서로 사용했음을 알 수 있다.

다섯째, 과일은 D에 해당한다. 이는 우연이 아니다.

여섯째, 2차원의 기본은 선, 3차원의 기본은 면, 4차원의 기본은 적이니, 곧 입방체이다. 아가씨들의 가슴을 보면 좌측 아가씨 Q′의 선에서, 중간 아가씨의 어정쩡한 삼각 면을 거쳐, 우측 아가씨 P의 것은 사각 면으로 처리하였다. 그 사각 면은 기울어진 것이었다. 더욱이 그 사각 면의 반이 빗금이다.[56] (아무 표시가 없는 다른 아가씨들의 가슴과 대조적이다). 지금까지 본 대로 하이퍼 사각형의 평면 그림의 특징인 기울어진 사각에 그 빗금이 여기서 확인된다. 마지막으로 쪼그려 앉은 아가씨 M은 얼굴을 180도 돌린 모습으로 4차원을 예고한다. 후일 『칸바일러의 초상』으로 넘어가면 캔버스가 입방체 투성이 된다.

일곱째, 쪼그려 앉은 아가씨의 모습은 고야의 『앉은 거인』을 떠올리게 하는 한편, 과일의 구도와 함께, 마네의 『풀밭의 점심』의 누

〈그림 50-Ⅱ〉『아비뇽의 아가씨들을 위한 7명의 구도 2』 스케치
Musée Picasso, Paris, Réunion des Musées Nationaux / Art Resource, NY.

드 여인과 과일의 구도를 연상케 한다. 이것이 "피카소는 마네의
『풀밭의 점심』을 떠올리면서 대상을 앞뒤가 아니라 위아래로 배열
하였다"는 인용문 내용이다. 위아래로 배열하여 여인들 간의 유대
감이 없다. 이는 윤락녀들의 특징이다.

　여덟째, 그림 밖의 C와 C′의 정체에 대하여 알아본다. 이 그림을
위한 스케치 〈그림 50-Ⅱ〉를 보면 좌측 아가씨 자리에 가방을 안은
남성이 입장하고 있다. 의학도이다. 가운데 GK에는 어떤 남성이 앉
아 있는데, 바르셀로나 아비뇽 거리의 홍등가를 찾아온 고객이다.

〈그림 50-Ⅲ〉『아비뇽의 아가씨들을 위한 7명의 구도 3』스케치
Musée Picasso, Paris, Réunion des Musées Nationaux / Art Resource, NY.

그는 선원이다. 의학도는 홍등가와 대조적으로 보이지만 홍등가에
만연한 성병과 연결된다. 피카소는 당시 치료가 되지 않던 성병을
매우 두려워하였다. 피카소는 해골을 많이 그렸다.『기타, 해골 그리
고 신문』(1913)에서 시작하여『해골과 정물화』등 많은 해골을 그
렸다. "주검을 잊지 마라." 이 그림에서는 쾌락과 주검을 대비한다.

　그러나 피카소는 이 선원과 의학도를 최종본에서 없애 버렸다.
그림이 3차원에서 2차원으로 변했기 때문이다. 이 차이가 〈그림
50-Ⅰ〉이 프린세를 만난 후의 최종 작품이고 〈그림 50-Ⅱ〉~〈그림

〈그림 50-Ⅳ〉『아비뇽의 아가씨들 연구』스케치

50-Ⅳ〉가 만나기 전의 스케치라는 점을 말해준다. 또한 이 차이는 피카소가 이 작품의 마지막 단계에서 얼마나 공을 들였으며, 얼마나 비밀리에 보안에 힘썼는지를 보여준다. 다시 말하면 프린세를 만나 그림이 극적으로 평면으로 바뀌었다. 마지막 단계에서 지워버린 선원들의 자리가 그림 밖의 C와 C′이다. 여기서 C′은 AW의 연장선과 MV의 연장선이 만나는 곳이다. 따라서 C와 C′은 홍등가를 찾는 "상상의 실제" 고객이다.

아홉째, 〈그림 50-Ⅱ〉는 사실주의에 가깝다. 이것은 앞서 『게르니카』와 마찬가지로 3차원을 2차원으로 표현하기 전에 사물의 3차원 표현을 미리 연구하였다는 사실을 뒷받침한다.

열째, 피카소의 『아비뇽의 아가씨들』은 P, V, C의 3차원에 C′이 추가되어 4차원을 평면에 표현한 작품이다. 이 사실은 쪼그려 앉은 아가씨가 확인해 준다. 스케치 〈그림 50-Ⅱ〉~〈그림 50-Ⅳ〉에서 이 아가씨는 정상적으로 앉아있다. 피카소는 마지막 최종본 〈그림 50-Ⅰ〉에서 얼굴만 180도 돌려놓았다. 뫼비우스 띠를 응용한 것이다. 우측의 여인이 포장을 가르며 입장하는 행위가, 그림 배경이 정상의 띠를 잘라서 반대 방향으로 돌려 만든 뫼비우스 띠임을 암시한다. 포장(뫼비우스 띠)를 가르는 여인이 별안간 얼굴 모습이 180도로 바뀐 것이다. 이 응용을 연장한 그림이 『게르니카 과정 Ⅰ』과 『게르니카 과정 Ⅲ』이다.

열한째, 뫼비우스 띠는 갈리는 부분에서 좌우, 앞뒤가 바뀐다. 이때 명암과 색깔도 바뀐다. 그것이 빗금의 이상한 코 모습이다. 빗금의 이상한 코는 윤락녀가 성병에 걸렸음을 의미한다. 이 코가 아프리카 가면에서 빌려온 것이라는 평론을 피카소는 1942년에 부정했다.[57] 자신의 독창성을 내세운 것이다. 그것은 피카소가 공부한 조플레의 교본에 나오는 빗금인데 4차원 수학에 기초한 〈그림 37〉의 빗금이고, 〈그림 44-Ⅰ〉의 도라 마르의 빗금이며, 〈그림 50-Ⅰ〉의 아가씨 가슴의 빗금이다.

피카소의 4차원을 넘어서

지금까지 살펴본 피카소의 4차원 그림은 합성과 해체의 관계이다. 곧 X-레이 영상과 같은 4차원의 존재가 등장하면서 그것을 이해하기 위해 해체 작업이 필요했다. 피카소의 그림은 파괴적 평면이다. 피카소는 자신을 "해체와 창조"의 예술가라고 칭하였다.

> 대상을 [여러] 조각으로 해체하는 작업은 화폭 안에서 공간을 구상하고 이동시키는 데 도움이 되었다. 공간을 마련한 다음에야 나는 그저 대상을 그릴 수 있었다.[58]

이 글에 적합한 그림은 『바이올린과 포도』이다. 이 작품을 종이학에 비유할 수 있다. 한 장의 사각 종이는 2차원이다. 이를 접어 만든 학은 3차원이다. 이 종이학의 부리를 붉은색으로, 꽁지를 파란색으로 칠한 뒤 종이학을 해체하면 붉은 부리와 파란 꽁지가 여기저기 흩어져 연관 없어 보인다. 그것이 학이라는 사실도 모를 수 있다. 이때 종이학을 접는 과정에서 여러 번 겹치는 부분이 생긴다.

〈그림 51〉 피카소 『앉은 여인』

Pablo Picasso, Femme assise, robe bleue, 1939, 73×60cm, Private Collection

　　과학의 발달로 X-레이를 뛰어넘는 CT와 MRI의 스캔이 합성체를 수많은 층으로 해체하는 과정을 회화가 받아들이는 세상이 되었다. 그것은 고차원의 수학을 요구한다. 로빈T. Robbin이 제작한 『2002-5』가 그것이다. 이 작품에는 수많은 하이퍼 상자가 조화롭게 연결되어 있다. 그 연결 부분에서 마름모가 강조된다. 피카소의 『게르니카』에서 말 가슴의 마름모, 도라 마르의 가슴의 마름모, 아비뇽 아가씨 가슴의 마름모가 그것이다. 『게르니카』 최종본을 그릴 때 피카소는 마름모를 추가함으로써 자신의 그림이 4차원 세계에 들어섰음을 보여준다. 그것은 피카소가 그린 『앉은 여인』의 배경이 온통 마름모로 도배된 것으로 확인된다. 특히 여인의 얼굴이 흡사 도넛 반죽처럼 위상적으로 찌그러졌음이 눈에 띈다. 〈그림 51〉을 위상적 평면 또는 평면적 위상이라 부르기에 족하다.

머리말에서 피카소가 자신의 그림이 입체파임을 부정하였다고 하였다.[59] 사실 지금까지의 설명을 통해서도 알 수 있듯이, 그의 그림은 2차원에서 해체와 합성을 반복하는 평면 그림이다. 『아비뇽의 아가씨들』이 이를 입증해 준다. (입체파는 피카소의 그림을 이해하지 못한 평론가가 붙인 이름이다. 피카소의 회화는 파괴적 평면파이다).

예술은 참을 알게 하는 거짓이다.[60] 피카소

참고문헌

Adler, Kathleen, *Manet*, Oxford, 1986.

Allan, Scott, *Manet and Modern Beauty: The Artist's Last Years,* Paul Getty Museum, 2019.

Baldassari, Anne, *Picasso and Photography The Dark Side Mirror*, Flammarion, 1997.

Barr, Alfred H., *Cubism and Abstract Art,* New York, 1936.

Barr, Alfred H., *Masters of Modern Art*, New York, 1954.

Barbin, Menghini, and Volkert, *Descriptive Geometry, The Spread of a Polytechnic Art The Legacy of Gapard Monge, International Studies in the History of Mathematics and Its Teaching,* Springer, 2019.

Bareau, Juliet Wilson, *The Hidden Face of Manet,* Burlington Magazine, 1986.

Bourdieu, Pierre, *Manet: A Symbolic Revolution,* Polity, 2017.

Brombert, Beth Archer, *Edouard Manet: Rebel in a Frock Coat,* University of Chicago Press, 1997.

Cassou, J, et al., *The Sources of Modern Art*, London, 1962.

Clark, T.J., *The Painting of Modern Life, Paris in the Art of Manet and His Followers,* London, 1985.

Collins, Bradford R. ed., *12 Views of Manet's Bar*, Princeton, 1996.

Conrad, *Creation,* Thames and Hudson, 2017.

de Rynck and Thompson, *Understanding Painting from Giotto to Warhol,* Abrams-Ludion, 2018.

Haldane, E. and G.R.T. Ross, *The Philosophical Works of Descartes,* Volume II, Dover, 1934(1911).

Hamilton, George Heard, *Manet and His Critics,* New Haven, 1954.

Hanson, Ann Coffin, *Manet and the Modern Tradition,* New Haven and London, 1977.

Henderson, Linda Dalrymple, *The Fourth Dimension of Non-Euclidean Geometry Art*, Princeton University Press, 1983.

Holt, Jim, *When Einstein Walked with Godel*, Farrar, Straus and Giroux, 2018.

Jouffret, Esprit, *Elementary Treatise on the Geometry of Four Dimensions*, Gauthier-Villars, 1903.

Kandinsky, Wassily, *Concerning the Spiritual in Art*, Dover, 1977(1914).

Kandinsky, Wassily, *Point and Line to Plane*, 1979(1949).

King, Ross, *The Judgement of Paris*, New York, 2006.

Mallarme, Stephane, "The Impressionists and Edouard Manet," *Art Monthly Review*, September 1876, in C. Barbier ed., *Documents Stephane Mallarme*, Paris, 1968, I.: 원래 프랑스어 원본은 분실되고 1876년 영어 번역본만 남아있다. 말라르메가 직접 감수한 것이다.

Mauner, George, *Manet Peintre-Philosophe, A Study of the Painter's Themes*, University Park and London, 1975.

Miller, Arthur I., *Einstein and Picasso*, Basic Books, 2001.

Park, Malcom, *Ambiguity and Engagement of Spatial Illusion within the Surface of Manet*, University of Wales, Ph.D. Dissertation, 2001.

Poincare, Henri, *Scince and Hypothesis*, trans., by Larmor, Dover, 1905(1902).

Poncelet, Jean Victor, *Treatise on the Projective Properties of Figures*, Gautier-Villars, 1865 (1822).

Read, Herbert, *Art Now*, New York, 1934.

Read, Herbert, *A Concise History of Modern Paintings*, London, 1959

Reff, Theodore, *Manet and Modern Paris*, Washington and Chicago, 1982.

Reff, Theodore, *Manet: Olympia*, New York, 1977.

Reff, Theodore, *Degas: The Artist's Mind*, New York, 1976.

Rewald, John, *The History of Impressionism*, 4th revised ed., New York, 1973.

Rewald, John, and Frances Weitzenhoffer, eds., *Aspects of Manet: A Symposium on the Artist's Life and Times*, New York, 1984.

Richardson, John, *Manet*, London, 1958.

Robbin, Tony, *Shadow of Reality*, Yale University Press, 2006.

Rogers, Nigel, *Manet: His Life and Work in 500 Images,* Lorenz Books, 2015.

Rosenbaum, Robert, *Cubism and Twentieth Century Art,* New York, 1960.

Sandblad, Nils Gosta, *Manet: Three Studies in Artistic Conception,* Lund, 1954.

Unger, Miles J., *Picasso and the Painting that Shocked the World,* Simon and Schuster, 2018.

Venturi, Lionello, *History of Art Criticism,* Dutton, 1936.

Winckelman, Johann J., *History of the Art of Antiquity,* H.F. Mallgrave(trans), Getty Publication, 2006(1764).

Zola, Emile, e*Looking at Manet,* Pallas Athene, 2015(1867).

稲賀繁美,『繪畵의黃昏 - エドゥアール·マネ 歿後の鬪爭』, 名古屋大學出版會, 1997.

島田紀夫,『印象派の挑戰』, 小學館, 2009.

高階秀爾,『近代繪畵史(上)』, 中央公論新書, 2006.

高階秀爾 監修,『レオナルド·ダ·ヴィンチ』, 創元社, 2016.

高階秀爾·三浦篤,『西洋美術史』, 新書館, 2002.

吉田節子,『印象派の誕生』, 中央公論新書, 2010.

1   Miller, A., *Einstein, Picasso: Space, Time, and the Beauty that Causes Havoc*, 2001, p.159.

2   이렇게 밝히면 자기표절이 아니다.

3   Miller, A., *Einstein, Picasso: Space, Time, and the Beauty that Causes Havoc*, 2001, p.87.

4   Kandinsky, W., *Concerning The Spiritual in Art*, 1914(1977), p.52.

5   Miller, A., *Einstein, Picasso: Space, Time, and the Beauty that Causes Havoc*, 2001, p.167.

6   Bronowski, J., *The Ascent of Men*, 1973, p.332.

7   『최후의 만찬』은 다빈치의 새로운 실험이었다. 그리는 순간부터 문제가 생기기 시작하여 이후 훼손이 계속되었다. 1652년 수도사들이 문을 내기 위해 그림의 식탁에서 아래를 뜯어냈다. 1943년 전쟁 중 폭격으로 수도원이 부서졌으나 그림의 벽은 살아남았다. 다행히도 다빈치의 세 명의 수제자 Giampiertrino(런던), Andrea Solari(벨기에), Cesare da Sesto(스위스)의 복사본이 남아서 그를 바탕으로 복원하였다. 이 가운데 벨기에 복사본에는 다빈치가 직접 참여하여 예수와 요한을 그렸다.

8   Lendvai, E., *Bela Bartok An Analysis of His Music, Kahn and Averill*, 1971, p.112.

9   Millay, E.S., "Euclid alone has looked On Beauty bare," *American Poetry*, NY: Harcourt, Brace and Company, 1922.

10 Bronowski, J., *The Ascent of Man*, 1973, p.181.

11 Baldassari, *Picasso and Photography, the Dark Mirror*, Flammarion, 1997.

12 Mallarme, "The Impressionists and Edouard Manet," *The Art Monthly Review and Photographic Portfolio*, September, 1876, p.5.

13 Miller, Einstein, *Picasso*, Basic Books, 2001, p.131. Richardson, *A Life of Picasso*, Vol.II, 1907~1917: *The Painter of Modern Life*, Random House, 1996, p.97.

14 Lendvai, B., *Bela Bartok*, Kahn and Averill, 2007, p.112.

15 보들레르, 『악의 꽃』의 「등대」에서.

16 미켈란젤로의 스승 지란다이오(Domenico Ghirlandio)의 최후의 만찬(1480)도 요한을 여성적 모습으로 그렸다.

17 ICHTHUS의 그리스 문자는 $IX\Theta Y\Sigma$이다. 이 문자를 하나로 합치면 여덟 개의 살을 가진 바퀴가 된다. 초기 기독교인들은 생선 대신 바퀴도 암호로 사용하였다.

18 De Rynck and Thompson, *Understanding Painting*, Ludion, 2018, p.63.

19 De Rynck and Thompson, *Understanding Painting*, Ludion, 2018, p.63.

20 Winternitz, Emmanuel, *The Unknown Leonardo*, McGraw-Hill, 1974.

21 Pala, G.M., *La Musica Celata*, 2007.

22 Gunther, *The Physics of Musics and Colors*, Springer, 2012, p.415.

23 Sauer and Schutz, *Archive for History of Exact Science*, Jan., 2021, pp.49~50.

24 Miller, Miller, A., *Einstein, Picasso: Space, Time, and the Beauty that Causes Havoc*, 2001, p.140.

25 Gonse, "Manet," *Gazette des Beaux-Arts*, Feb. 1884, p.146. Brombert, *Edouard Manet: Rebel in a Frock Coat*, The University of Chicago Press, 1997, p.332에서 재인용.

26 Miller, *Einstein and Picasso*, Basic Books, 2001, p.140: Baldassari, *Picasso and Photography, The Dark Mirror*, The Museum of Fine Art, 1997, p.22.

27 쿠르베의 "피상적인 사실주의"에는 그의 사상이 묻어있다. 사회주의자 푸로우동의 친구인 그의 그림은 자신의 사회사상을 표현하는 수단이다. 이에 대하여 사상의 제약에서 자유로운 마네에게 소재의 실상이 그의 인상이며 그의 인상이 소재의 실상이다. 인상-실상이 상상-실제의 다른 말이다. 그것은 또 인상주의-사실주의와 동의어이다. 쿠르베의 "피상적 사실주의"는 마네의 사실주의-인상주의를 거쳐 둘로 갈라진다. "모네와 시슬리 등의 인상주의와 세잔의 심오한 사실주의." 이러한 작업을 통하여 마네가 추구하려던 의도는 전통과 시대에 갇혀있던 창작의 자유를 하나의 형식에서 풀어주고 형식과 형식에서 더 높은 형식을 창조하려는 것이었다. 그것이 퐁슬레 기하학을 이용하여 3차원을 2차원으로 표현한 형식이다.

28 Brombert, *Edouard Manet Rebel in A Frock Coat*, The University of Chicago Press, 1991, pp.440~441.

29 박사학위 주제로 과학적인 도전이 시작된 것이 또 하나의 흐름이다. Park, Malcolm, Ambiguity and Engagement of Spatial Illusion within the Surface

of Manet's Paintings, University of New South Wales, Ph.D. Dissertation, 2001. 그러나 학위논문에서도 분석의 한계를 자인했듯이 주모의 반사 모습을 설명하면 저 뒤에 관객과 사각기둥 가스등의 투영 모습이 제대로 설명되지 않는다. 주모 왼편의 거울 속 술병도 설명되지 않는다. 거울의 특성을 이용한 "고의적인 실험"이라는 주장이 눈에 띄지만 아쉽게도 그 근거가 빈약하다. 여전히 수수께끼로 남아있다.

30 de Rynck and Thompson, *Understanding Painting*, Ludion, 2018, p.217.

31 Brombert, *Edouard Manet Rebel in A Frock Coat*, The University of Chicago Press, 1991, p.442.

32 Brombert, *Edouard Manet Rebel in A Frock Coat*, The University of Chicago Press, 1991, p.445.

33 de Rynck and Thompson, *Understanding Painting*, Ludion, 2018, p.217.

34 Bourdieu, *Manet A Symbolic Revolution*, Polity, 2013, p.349.

35 de Rynck and Thompson, *Understanding Painting*, Ludion, 2018, p.217.

36 Henderson, *The Fourth Dimension and Non-Euclidean Geometry in Modern Art*, Princeton University Press, p.369.

37 Wilson-Bareau, *Manet by Himself*, Little, Brown and Company, 1991, p.57.

38 Arnheim, R., *Guernica: The Genesis of a Painting*, 1962, reprinted in Ellen C. Oppler, ed., Picasso's Guernica, New York and London, Norton and Company, 1987.

39 Robin, William, Helene Seckel, Judith Cousins(eds.), *Les Demoiselles d'Avignon*, NY: Museum of Modern Art, p.264.

40 Miller, A., *Einstein, Picasso: Space, Time, and the Beauty that Causes Havoc*, 2001, p.87.

41 Miller, A., *Einstein, Picasso: Space, Time, and the Beauty that Causes Havoc*, 2001, p.88.

42 Henderson, *The Fourth Dimension and Non-Euclidean Geometry*, 1983, p.307.

43 Gamow, *One, Two, Three, … Infinity*, 1947, p.36.

43 증명은 김학은, 『이상의 시 괴델의 수』, 2014, p.162.

44 Bronowski, J., *The Ascent of Man*, 1973, p.340.

45 Conrad, *Creation*, 2007, p.480.

46 확장된 오일러 방정식이다.

47   Miller, A., *Einstein, Picasso: Space, Time, and the Beauty that Causes Havoc*, 2001, p.100.

48   확장된 오일러 방정식이다.

49   Robbins, *Shadows of Reality*, 2006, p.31.

50   Gombrich, *The Story of Art*, 1950, p.585.

51   *Newton*, January 2018, p.32.

52   Rynck and Tompson, *Understanding Painting*, 2018, p.302.

53   이 점을 지적한 이가 Henderson이다. Henderson, *The Fourth Dimension and Non-Euclidean Geometry in Modern Art*, Princeton University Press.

54   암브로스 볼라르의 초상화 〈그림 48〉을 조플레 24면체의 해체 〈그림 47〉과 연결한 평론가는 헨더슨이다. Henderson, p.58.

55   레닌그라드 국립 미술관에 걸려 있는 카지미르 말레비치 Kazimir Malevich의 1913년 작품, Victory over the Sun, Scene 1, Acts 1 and 2에 이미 하이퍼 사각형의 반이 검게 칠해져 있다. Henderson, Plate 82에서 재인용.

56   Unger, Miles J., *Picasso and the Painting that Shocked the World*, Simon and Schuster, 2018, p.330.

57   Miller, A., *Einstein, Picasso: Space, Time, and the Beauty that Causes Havoc*, 2001, p.159.

58   Miller, A., *Einstein, Picasso: Space, Time, and the Beauty that Causes Havoc*, 2001, p.87.

59   피카소 인터뷰, The Arts, 1923. Chipp, eds., *Theories of Modern Art: a Source Book for Artists and Critics*, 1968, p.264에서 재인용.

김학은(金學虒, Hak Un Kim)

서울대학교 농과대학 졸업
미국 University of Pittsburgh 대학원 경제학과 졸업, Ph.D.
미국 Case Western Reserve University 경제학과 조교수
연세대학교 상경대학 경제학부 교수
현재 연세대학교 상경대학 경제학부 명예교수

주요 저서

A Study on Inflation and Unemployment, New York and London: Garland, 1984
화폐와 이자, 법문사, 1984
정합경제이론, 박영사, 2006
루이스 헨리 세브란스-그의 생애와 시대, 연세대학교 출판부, 2008
이상의 시 괴델의 수, 보고사, 2014
이승만의 정치·경제사상 1899~1948, 연세대학교 이승만 연구원 학술총서 7,
　　연세대학교 대학출판문화원, 2014
한국의 근대경제학 1915~1956 : 연세대학교 상경대학 100년사 제1권,
　　연세대학교 대학출판문화원, 2015
자유와 헌법의 원리 1(자유의 원리), 연세대학교 대학출판문화원, 2020
마네의 그림, 퐁슬레의 기하학, 보고사, 2022

누가 피카소를 입체파라 했는가

Who Told You That Picasso Is a Cubist

2025년 9월 25일 초판 1쇄 펴냄

지은이 김학은
펴낸이 김흥국
펴낸곳 보고사

책임편집 황효은
표지디자인 김규범

등록 1990년 12월 13일 제6-0429호
주소 경기도 파주시 회동길 337-15
전화 031-955-9797 팩스 02-922-6990
메일 bogosabooks@naver.com
http://www.bogosabooks.co.kr

ISBN 979-11-6587-920-4 03650
ⓒ김학은, 2025

정가 15,000원